논리 논리 하양

김명석◦이경은

머리말

논리는 모든 공부의 바탕입니다. 논리는 모든 말 나눔의 바탕입니다. 논리는 모든 함과 모든 만듦의 바탕입니다. 이 때문에 논리 공부를 일찍 하면 할수록 다른 공부를 더 쉽게 더 잘 할 수 있습니다.

　논리는 말과 글과 생각을 이해하고, 표현하고, 추론하고, 비판하는 데 쓰입니다. 논리 공부는 사실을 그냥 외우는 일과 다릅니다. 예전에도 그랬듯이 앞으로도 사람들이 더 많이 갈고닦아야 할 일은 논리에 따라 말하고 쓰고 생각하는 힘을 기르는 일입니다.

　안타깝게도 우리나라는 논리 교육을 매우 늦게 시작합니다. 대부분 대학생 때 논리 공부를 처음 시작합니다. 그것도 열에 한 명도 못 되는 대학생이 논리 공부를 시작할 뿐입니다. 매우 적은 학우들이 논리를 고등학생 때 처음 만납니다. 초등학생이나 중학생 때 논리를 배우는 학우는 거의 없습니다.

　초등학생, 중학생, 고등학생, 시민이 쉽게 논리를 만나도록 돕는 책은 드뭅니다. 『논리 논리』 시리즈는 누구나 논리를 쉽게 시작하도록 돕습니다. 이 시리즈의 첫 책 『논리 논리 하양』은 10살 이상이면 이 책을 읽으며 익힘 물음을 풀 수 있습니다. 논리가 어려워 어쩔 줄 몰라 하는 대학생과 어른도 이 책으로 논리 공부의 첫발을 떼기를 바랍니다.

　『논리 논리 하양』은 13살 어린이가 스무날 동안 논리 공부를 합니다. 이 책을 단숨에 읽어도 좋고 스무날 동안 읽어도 좋고 한 해 내내 읽어도 좋습니다. 다만 꼼꼼하게 읽어주세요. 헷갈리는 것과 흐릿한 것은 http://ithink.kr에 남겨주세요. 어린이는 엄마랑 아빠랑 또는 선생님이랑 함께 읽으면 더 재미있게 논리를 공부할 수 있을 겁니다. 언젠가 꼭 한번은 논리 공부를 해야 하니 나이 많으신 분도 이 책으로 논리의 첫걸음을 내딛길 빕니다.

목차

머리말 ··· 3

01.	추론, 전제, 결론 ·································	8
02.	이고 ··	16
03.	이거나와 이면 ··	24
04.	참값 ··	30
05.	참값모눈 ··	36
06.	뜻이 같다 ··	44
07.	거짓이다 ··	52
08.	두 번 거짓이다 ··	58
09.	이고의 뜻 ··	66
10.	모순문장 ··	76
11.	따라 나온다 ··	82
12.	거짓이다 없애기 ····································	92
13.	이고 없애기 ··	100
14.	이고 넣기 ··	108
15.	왜냐하면 ··	118
16.	이거나 넣기 ··	126
17.	이거나 없애기 ··	136
18.	"이거나"의 뜻 ··	144
19.	이면 없애기 ··	152
20.	차근차근 이끌기 ····································	160

익힘 물음 정답 ·· 167

시린은 바람을 쐬고 싶어 서울역에서 기차를 탔다. 한 시간이 지난 뒤 개성역에 내렸다. 몇백 년 전에 지은 성균관에서 옛날 학생들이 공부하는 모습을 마음속으로 그렸다. '나는 왜 잘 가르치지 못할까?' 시린은 대학교에서 철학을 가르친다. 하지만 그의 수업은 늘 인기가 없다. 요즘 학생과 눈높이를 맞추지 못했다.

시린이 성균관 대문을 지나 앞뜰에 들어섰다. 초등학생으로 보이는 학생이 스마트폰으로 혼자 사진을 찍고 있었다.

"내가 찍어줄까?"

"아. 괜찮은데."

아린은 어른에게 늘 말을 놓는다.

"왜 어른에게 말을 놓지?"

"언니도 저에게 처음부터 말을 낮추었잖아요. 말을 높여드릴까요?"

"하하. 아니 괜찮아. 서로 말을 놓자. 당돌한 모습이 보기 좋아. 이름이 뭐지?"

"어? 다른 어른처럼 꾸지람하지 않네. 아린이에요. 언니는요?"

"난 시린."

"서로 돌림자네요. 좋아요. 그럼 사진 한 장 찍어주세요."

아린은 스마트폰을 시린에게 건넸다.

"그럼 찍을게. 맘에 드는 곳에 서봐."

"이 문과 제가 함께 나오도록 찍어줘요. 격자무늬 문이 수평이 잘 맞게 해주고. 제 얼굴이 중간에 오도록 거리를 잡아야 하는 것 알지요? 아 그리고 이 누런 흙바닥은 나오지 않게 해주고 대신 파란 하늘이 나오게 해주세요. 그리고 이 옆에 표지판은 알아서 잘라주고. 바람 안 불 때 눌러주시면 됩니다."

아린의 끝없는 요구를 넋 놓고 듣는데 시린 손에 들린 아린의 스마트폰이 울렸다. 화면에 뜬 발신자는 "아빠".

"아린! 아빠한테 전화 왔어."

아린이 달려와 스마트폰을 받아들었다.

"아빠? 왜 이렇게 오랜만에 전화했어? 지금 어딘데? 부산? 해운대라고? 나도 가보고 싶어, 아빠."

시린은 하릴없이 멀뚱히 서서 안뜰을 둘러싼 고택을 두리번거렸다.

"응. 언제 또 배 타? 뭐라고? 내일? 그럼 언제 오는데? 내년? 그럼 또 나 못 보고 가?"

아린은 곧 울 것만 같았다.

"응응. 알겠어. 그만 끊어. 배 타면 또 연락해. 엄마한테 안부 전할게. 응. 할머니한테도."

아린의 눈동자에 눈물이 맺혔다. 가슴팍의 배지가 그제야 시린의 눈에 들어왔다. "개성초"라고 되어 있다.

"우리 아빠는 뱃사람이에요. 내가 일곱 살 때 마지막으로 봤어요."

"지금 몇 살인데?"

"13살. 개성초등학교 6학년 3반."

언니는 몇 살이에요?

"응? 음 글쎄?"

"20대 후반 정도 되어 보이네. 자 다시 사진."

아린은 스마트폰을 다시 시린에게 건넸다.

"아까 내가 한 말 잊지 않았죠?"

"응? 네네. 그럼 찍을게요. 하나 둘 셋!"

순간 바람이 불었다. 아린의 짧은 단발머리와 주름 있는 검은 치맛단이 한쪽으로 휘날린 사진이 찍혔다.

"언니, 난 이제 집에 가서 숙제해야 해. 엄마가 병원에서 돌아오시기 전에 방 청소도 해야 하고. 엄마는 간호사거든."

"그래그래. 오늘 만나 반가웠어."

"바쁘지 않다면 내일 이 자리에서 다시 만나면 안 될까요?"

"좋아. 그럼 내일 봐. 안녕."

01. 추론, 전제, 결론

아린   언니 안녕?
시린   그냥 시린이라 불러. 내 학생들도 그렇게 부르거든.
아린   알았어. 근데 시린 언니는 어디서 왔어?
시린   나는 서울에서 대학생들을 가르쳐. 가르치는 소질이 없어 그만두려고.
아린   난 잘 배우는 학생이지. 그러니까 나한테 가르치는 연습을 해보면 어떨까?
시린   어 멋진 생각인데. 무엇을 가르칠까?
아린   시린은 주로 뭘 가르쳤어?
시린   논리를 가르쳤지.
아린   논리? 처음 듣는 말이야.
시린   지금까지 한 번도 써본 적이 없는 낱말이야?
아린   응. 다른 건 없어?
시린   과학철학이라고. 이건 더 어려울 텐데.
아린   노잼! 노잼! 과학도 어려운데 거기에 한 번도 들어본 적 없는 철학이라니.
시린   어쩔 수 없군. 그냥 논리 공부하자.
아린   꼭 해야 해? 갑자기 하고 싶은 마음이 사라졌어. 딱딱하고 어렵게 들려.
시린   그래. 그럴 거야. 하지만 논리가 꼭 딱딱하고 어려운 건 아냐.
아린   수학 선생님도 영어 선생님도 다들 처음엔 그렇게 이야기하셨어. 하지만 어렵기만 하던데.
시린   다른 공부하기에도 바쁘다고 했지? 논리를 공부하면 다른 공부들이 조금은 쉬워질 거야.
아린   정말?
시린   응. 논리는 생각의 바탕이니까.

아린	정말 논리를 배우면 다른 공부를 쉽게 할 수 있어?
시린	정말! 논리를 잘하면 다른 공부도 잘할 수 있어.
아린	그럼 믿어볼까?
시린	논리를 제대로 공부하면 똑똑하고 튼튼한 사람이 될 수 있어.
아린	튼튼? 체육 비슷한 거야?
시린	하하. 그렇게 볼 수 있겠네. 하지만 몸의 체육이 아니라 마음의 체육.
아린	마음의 체육은 해본 적이 없어.
시린	그럼 논리 공부를 할까 말까?
아린	좋아. 일단 시작은 해보자. 체육이라는 말에 기분이 좀 나아졌어.
시린	드디어 마음의 준비가 되었구나.
아린	맨 처음에 뭘 배워야 하지?
시린	오늘은 세 낱말을 배우자.
아린	새 낱말?
시린	새로운 낱말 세 개!
아린	세 새 낱말이네.
시린	맞아.
아린	세 낱말이 뭐지? 들어나 보자.
시린	오늘 배울 낱말은 "추론", "전제", "결론"이야. 조금 어렵게 들리지? 한 번 나를 따라 해볼래? 추론! 전제! 결론!
아린	추론! 전제! 결론!
시린	잘했어. 추론을 이야기하기에 앞서 문장을 이야기할까? 문장이 뭔지 알아?
아린	그게 뭔지 또렷이 말할 수는 없어. 하지만 문장인 것과 아닌 것을 가릴 수는 있지.
시린	좋아. 내가 여기 종이에 뭔가를 써 볼게. 아래 표현은 문장일까?

착하고 똑똑한 아린

아린 이건 당연히 문장이 아니지.
시린 맞아. 이 표현은?

아린은 씩씩하고 시린은 똑똑해요.

아린 문장이고 말고.
시린 맞아. 잘했어. 넌 문장인 것과 아닌 것을 잘 가리는구나.
아린 그런 건 초등학교 1학년도 안다고.
시린 그럼 조금 더 어려운 걸 물어볼까? 저기에 문장이 몇 개 있지?
아린 하나. 저기 마침표가 하나 있으니까.
시린 잘했어. 옛날에는 마침표를 쓰지 않았어. 요즘에는 마침표 때문에 문장이 끝났다는 것을 쉽게 알 수 있지.
아린 옛날 사람들은 글 읽기가 힘들었겠네.
시린 그랬겠지. 네가 문장을 알아볼 수 있고 문장의 개수도 헤아릴 수 있으니 조금 더 어려운 것으로 넘어가도 좋겠지?
아린 나를 너무 얕잡아보지 않았으면 좋겠어.
시린 그래그래. 추론으로 넘어갈게. 무엇보다 추론은 여러 문장으로 이루어졌어. 내가 추론의 보기를 들어볼게.

아린은 씩씩해요.

시린은 똑똑해요.

따라서 아린은 씩씩하고 시린은 똑똑해요.

이게 추론이야. 이 추론은 몇 개의 문장으로 이루어졌어?
아린 세 문장. 추론은 언제나 세 문장으로 이루어졌어?
시린 아냐. 두 문장일 때가 있고 네 문장일 때도 있어.
아린 그럼 여러 문장이 모여 있기만 하면 다 추론이 되는 건가?
시린 아니. 꼭 그렇지는 않아. 문장들의 한 모임이 추론인지 아닌지 알려주는 낱말이 있어. 앞의 보기에서는 "따라서"야.

아린 문장들의 모임에 "따라서"가 나온다면 그 모임은 추론이 되는 거구나.

시린 맞아. 문장들의 모임에 "따라서"가 나오면 그것은 추론이야. 하지만 추론에는 좋은 추론도 있고 나쁜 추론도 있어. "따라서"가 있다고 해서 언제나 좋은 추론인 건 아냐.

아린 좋은 추론은 뭐야?

시린 좋은 추론이 뭔지는 나중에 배우는 게 좋겠어. 추론을 배운 것도 대단한 거야. 아린! 추론인 것과 아닌 것을 가릴 수 있겠어?

아린 응. 그럼 이제 전제와 결론이 무엇인지 알려줘야지.

시린 "따라서"가 있으면 추론이라고 했지? "따라서"를 잘 봐야 해. "따라서" 다음에 곧바로 나오는 문장을 읽어봐.

아린 "아린은 씩씩하고 시린은 똑똑해요."

시린 잘 읽었어. "따라서" 뒤에 곧바로 나오는 문장이 결론이야.

아린 언제나 "아린은 씩씩하고 시린은 똑똑해요"가 결론이야?

시린 아냐. 추론마다 "따라서" 뒤에 곧바로 나오는 문장이 달라. 추론마다 결론이 다른 셈이지.

아린 결론이 무엇을 뜻하는지는 아직 잘 모르겠지만 암튼 난 추론에서 결론을 찾을 수는 있을 것 같아.

시린 아주 좋아. 벌써 두 가지를 배웠네. 넌 추론인 것과 아닌 것을 가릴 수 있어. 그다음 추론에서 결론을 찾아낼 수 있어. 오늘 공부는 다 한 셈이야.

아린 전제는 아직 안 배운 것 같은데.

시린 아, 그렇구나. 전제도 간단해. "따라서" 앞에 나오는 다른 문장들이 전제야. "따라서" 앞에 나오는 다른 문장이 모두 몇 개지?

아린 두 개.

시린 그 둘이 전제야. 전제를 읽어볼래?

아린   "아린은 씩씩해요." "시린은 똑똑해요."
시린   잘 읽었어. 이제 추론에서 전제를 찾을 수 있겠어?
아린   응. 질문이 있어. 추론의 전제는 언제나 두 개인 거야?
시린   아냐. 추론마다 달라. 하나일 때도 있고 셋일 때도 있어. 그보다 더 많을 때도 있어.
아린   그럼 결론도 여럿일 때가 있겠네.
시린   아니. 결론은 하나야.
아린   전제는 하나일 때도, 여럿일 때도 있지만, 결론은 언제나 하나다?
시린   응. 맞아.
아린   다른 질문이 있어. 추론은 언제나 전제와 결론으로 이루어져? 전제만 있거나 결론만 있으면 안 돼?
시린   응. 추론은 꼭 전제와 결론이 함께 있어야 해. 그래서 내가 아까 추론은 언제나 여러 문장으로 이루어졌다고 말한 거였어. 결론은 하나고, 전제는 적어도 하나니까.
아린   그러네. 적어도 두 문장이 있어야 추론이 되는 거네.
시린   "적어도"라는 말은 잘 알지?
아린   알아. 날 바보로 여기는 거야?
시린   아냐. "적어도"의 뜻을 모를 수도 있지. 그걸 모른다고 바보로 여기면 안 돼. 누군가는 그걸 모를 수 있어.
아린   칫. 아무튼 난 안다고.
시린   모르는 친구가 있더라도 놀리지 말기.
아린   예 알겠습니다, 선생님.
시린   그럼 내가 물음을 하나 던질게. 네 문장으로 이루어진 추론이 있다고 해보자. 이 추론의 전제는 모두 몇 개일까?
아린   셋. 너무 쉬워.
시린   왜 그렇게 생각했지?
아린   결론은 언제나 하나야. 네 문장에서 결론 문장 하나를 빼면 세 문장이 남지. 남은 세 문장이 전제야. 추론은 전제와 결론으로 이루어졌으니까.

시린 딩동댕. 잘했어. 아린. 아주 빠르게 배우고 있어! 몇 개만 더 물어볼게.

아린 그래. 뭐든 물어봐.

시린 내가 문장 몇 개를 여기에 쓸게.

책상은 하나고 의자는 두 개야.
따라서 의자는 두 개야.

이 문장들의 모임은 추론이니?

아린 그럼. 이 문장들의 모임은 추론이야.

시린 왜 그렇게 생각하지?

아린 "따라서"라는 낱말이 있으니까. 이 낱말은 문장들의 이 모임이 추론이라는 것을 알려주지. "따라서"라는 낱말 때문에 이 모임이 추론이라는 것을 쉽게 가릴 수 있어.

시린 이것이 추론이라면 당연히 전제와 결론이 있겠구나. 그렇다면 이 추론의 결론은 뭐지?

아린 "따라서" 뒤에 곧바로 나오는 문장이지. 이 추론에서는 "의자는 두 개야"가 "따라서" 뒤에 곧바로 나와. 그러니까 결론은 "의자는 두 개야"겠네.

시린 그럼 이 추론의 전제는 모두 몇 개지?

아린 하나.

시린 이 추론의 전제는 뭐야?

아린 "따라서" 앞에 나오는 다른 문장이 이 추론의 전제가 되지. "책상은 하나고 의자는 두 개야"가 이 추론의 전제야.

시린 잘했어. 오늘 공부는 여기서 마쳐도 되겠어.

아린 괜히 겁먹었네. 내일도 논리 공부를 이어 가자.

시린 내일 봐. 안녕.

혼자 천천히 읽기

아래에 세 문장을 모아 놓았습니다. 이 모임은 추론일까요?

>아린은 씩씩하다. 시린은 똑똑하다. 따라서 아린은 씩씩하고 시린은 똑똑하다.

문장들 사이에 "따라서"가 있습니다. "따라서"가 낀 문장들의 모임은 추론입니다. 그러니까 위 세 문장의 모임은 추론입니다.

이 문장 모임에서 "따라서"를 놓고 문장들을 둘로 가를 수 있습니다.

아린은 씩씩하다.	
시린은 똑똑하다.	
따라서	아린은 씩씩하고 시린은 똑똑하다.

"따라서"는 "따라 나온다"에서 온 낱말입니다. "따라서"는 "따라서" 앞의 문장들로부터 "따라서" 바로 뒤의 문장이 따라 나온다고 말합니다. 따라 나오는 문장을 "결론"이라고 합니다. 토박이말로는 "따름말"입니다. "따라서" 앞에 나오는 문장들은 "따라서" 바로 뒤의 문장을 받쳐줍니다. 결론을 받쳐주는 문장을 "전제"라고 합니다. 토박이말로는 "받침말"입니다. "전제"는 '앞에 놓인 문장'을 뜻합니다. 전제는 결론 앞에 놓여 결론을 뒤받쳐줍니다. 앞의 추론에서 전제는 둘입니다. 하나는 "아린은 씩씩하다"이고 다른 하나는 "시린은 똑똑하다"입니다.

이처럼 추론은 전제와 결론으로 이루어졌습니다. 전제는 결론을 뒷받침합니다. 결론은 전제들로부터 따라 나옵니다. 추론의 전제는 여럿일 수 있습니다. 하지만 추론의 결론은 반드시 하나입니다.

익힘 물음

가. ♡ ♥ ○ ◇ 따위는 문장입니다. 다음 추론에서 전제가 무엇인지 똑같은 모양을 그리세요.

01. ♡. □. 따라서 ◇.
02. ○. ●. △. 따라서 ▲.

나. 다음 추론의 결론과 전제를 찾아 전제에는 곧은 밑줄을 그으세요. 결론에는 물결 밑줄을 그으세요.

01. 공부를 너무 많이 하면 눈이 아파요. 나는 지금 눈이 아프지 않아요. 따라서 나는 공부를 너무 많이 한 것이 아니에요.

02. 엄마는 달걀로 찜을 해요. 아빠는 달걀로 부침을 해요. 오늘 식탁에는 달걀부침이 올라왔네요. 따라서 오늘 달걀 요리를 한 사람은 아빠예요.

03. 나는 지민을 좋아해요. 오빠는 뷔를 좋아해요. 동생은 정국을 좋아하지요. 따라서 나는 지민을, 오빠는 뷔를, 동생은 정국을 좋아해요.

04. 나는 9시에 학교에 가요. 엄마 아빠는 7시에 출근해요. 7시부터 9시까지 나를 돌봐주실 수 있는 분은 할머니뿐이에요. 따라서 할머니가 7시부터 9시까지 나를 돌봐주셔요.

05. 올챙이가 개구리가 될 때 다리가 나오는 순서가 정해져 있어요. 개구리가 되기 전 올챙이는 앞다리 없이 뒷다리만 있는 때가 있어요. 따라서 올챙이가 개구리가 될 때 먼저 나오는 다리는 뒷다리예요.

06. 아이스크림을 냉동실에서 꺼낸 바로 그때는 아이스크림이 단단해요. 바깥 온도는 냉동실 안의 온도보다 높아요. 아이스크림은 냉동실 밖에서 시간이 흐를수록 차츰 녹아요. 식탁에 있는 아이스크림은 흐물흐물하게 녹아 있어요. 따라서 이 아이스크림은 냉동실에서 꺼낸 지 꽤 오래 지났어요.

02. 이고

시린　지난 시간에 배운 세 낱말을 기억해?
아린　응. 추론! 전제! 결론!
시린　깜짝 퀴즈. 추론은 다음 중 무엇일까요?

　　　ㄱ. 낱말들의 모임
　　　ㄴ. 문장
　　　ㄷ. 문장들의 모임

아린　디귿! 문장들의 모임!
시린　그렇지. 잘 기억하는구나. 추론은 문장들의 모임이지. 추론이 되려면 적어도 문장이 몇 개 있어야 해?
아린　적어도 두 문장이 있어야 해.
시린　문장들 가운데 하나는 결론이었어. 그럼 나머지 문장은 무엇이 되어야 하지?
아린　쉬워. 전제!
시린　아린! 어제 배운 내용을 또렷이 알고 있구나.
아린　나는 시린보다 더 똑똑한 사람이 될 준비가 이미 되었지.
시린　그럼 새로운 내용을 배워볼까?
아린　좋아. 빨리 시작해 봐.
시린　나는 아린을 만나러 왔어.
아린　응. 그렇지. 그러니까 지금 여기 나랑 같이 있겠지.
시린　나는 아까 글을 한 편 썼어.
아린　응. 그래. 아까 말해줬어. 일찍 일어나서 글을 한 편 썼다고.
시린　나는 아린을 만나러 왔어. 나는 아까 글을 한 편 썼어.
아린　왜 자꾸 똑같은 얘기만 계속해? 오늘은 별로 가르치고 싶지 않아? 하루 만에 벌써 지겨워진 거야?
시린　아린. 이 문장들을 이어볼 수 있겠어?

아린	하하. 그거구나. 공부 시작한 거구나.
시린	응. 할 수 있겠어?
아린	일단 그 문장들을 여기 종이에 써 줘.

> 나는 아린을 만나러 왔어.
> 나는 아까 글을 한 편 썼어.

아린	음. 음. 시린. 내가 방금 알아낸 게 하나 있어!
시린	그래. 무엇인데?
아린	이 문장들은 모두 두 개야!
시린	응? 하하. 맞아. 모두 두 개지.
아린	엄청난 발견이지? 마침표가 두 개니까 두 개의 문장이 있는 거야.
시린	그래그래. 지난 시간에 배운 걸 잘 활용하고 있어.
아린	그런데 이 두 문장을 이으라고?
시린	응. 이어서 한 문장으로 만들어 봐.
아린	시린! 이상해. 두 문장을 이어서 어떻게 한 문장이 될 수 있어? 1과 1을 더하면 2가 되는 것 몰라?
시린	맞아. 그리고 1과 2를 더하면 3이지.
아린	그렇지. 내 말이 그거야.
시린	하나 물어볼게. 3이라는 수는 몇 개의 수야?
아린	어렵다. 3이 몇 개의 수냐고? 음. 3은 하나의 수 아니야? 1도 하나의 수고, 2도 하나의 수고.
시린	역시 아린은 내 제자야. 맞아. 1과 1을 더해 2가 나오고, 1과 2를 더해 3이 나오지. 그런데 2는 하나의 수고 3도 하나의 수잖아? 수 하나와 수 하나를 더하면 또 다른 수 하나가 나와.
아린	우와 그렇네. 신기하다.
시린	그러니까 문장 하나와 문장 하나를 이어 또 다른 문장 하나가 나올 수 있어.
아린	수와 수를 더하면 그렇게 된다는 거 이해하겠어. 근데 문장과 문장을 이어 어떻게 한 문장이 되게 할 수 있지? 잘

	모르겠어.
시린	포기하지 마. 할 수 있어. 내가 실마리를 줄게.
아린	자존심 상해.
시린	실마리 주지 마?
아린	아니. 줘 봐.
시린	나는 오늘 눈을 떴고 아침을 먹었고 양치를 했고 세수를 했고 옷을 입었고 책을 챙겼고 스마트폰도 챙겼고.
아린	귀 아파. 왜 "고"만 크게 말해?
시린	아직 모르겠어?
아린	아! 그거구나.
시린	알겠어?
아린	응. 고!
시린	그래 해 봐.
아린	두 문장 사이에 "고"를 넣으면 되지. 이렇게.

나는 아린을 만나러 왔고 나는 아까 글을 한 편 썼어.

어때?

시린	잘했어.
아린	생각보다 쉬운 거였구나.
시린	응. 이 문장은 몇 개지?
아린	하나가 되었네. 마침표가 하나니깐. 두 문장을 이으면 한 문장이 될 수도 있구나.
시린	두 문장만 이을 수 있을까?
아린	아니. 아까 시린이 한 것처럼 많은 문장을 이어서 한 문장으로 만들 수도 있을 것 같아.
시린	맞아. 아주 많은 문장을 이어 한 문장으로 만들 수 있지.
아린	"고"가 있으면 되네.
시린	맞아. 여기서는 "고"를 썼지. 그런데 더 바르게 말하면 그건 "고"가 아니라 "이고"야. "이"가 빠진 거지.
아린	"이고"? "나는 아린이고 나는 열세 살이고 나는 초등학생이다"라고 할 때처럼?

시린	"이고"의 보기를 잘 찾네. 맞아. 이제부터 문장을 이을 때 나오는 "고"를 그냥 "이고"라고 해도 좋겠어.
아린	"이고"가 있으면 문장들을 이을 수 있겠구나.
시린	맞아. "이고"처럼 문장을 이어주는 낱말을 "문장 이음씨"라고 해. 다른 말로는 "문장 연결사"라 하고.
아린	귀여운 말이다. 문장 이음씨.
시린	그치? 나도 이 이름이 마음에 들어. 그럼 다른 이름을 더 말해볼까? "이고"를 넣어 만든 문장을 뭐라고 부르면 좋을까?
아린	"이고문장"?
시린	정답이야. 이고문장을 쓸 때는 "이고"와 "문장"을 띄어 쓰지 않고 이어붙이는 것이 좋겠어. 나중에 헷갈릴 수 있거든.
아린	알았어.
시린	지금은 몰라도 되지만 "이고문장"을 좀 어려운 말로 "연언문"이나 "연언문장"이라고 해. 안 외워도 돼.
아린	어른이 되면 외울게.
시린	문장 몇 개를 더 이어보자. 다음 두 문장을 "이고"로 이어봐. 아린은 개성유치원을 졸업했다. 아린은 개성초등학교 학생이다.
아린	쉽지. 아린은 개성유치원을 졸업했고 아린은 개성초등학교 학생이다.
시린	좋아. 이 문장은 이고문장이야. 이 문장에서 "이고"가 잘 보여?
아린	나 아직 눈 좋아. 시린과 달라. "했고"에서 "고"가 나오는데 이게 "이고"와 같은 낱말이지.
시린	그럼 "고" 앞에 있는 말이 뭐지?
아린	"아린은 개성유치원을 졸업했"이네.

시린	잘 보았어. 이고 문장에서 "고"나 "이고" 앞에 있는 말을 "이고 앞말"이라고 할 거야.
아린	이고 앞말?
시린	응. "이고"의 앞에 있는 말이야.
아린	아 쉬워. 그럼 "고"나 "이고" 뒤에 있는 말을 "이고 뒷말"이라고 하면 되겠다.
시린	나는 하나만 가르쳤는데 아린은 벌써 둘을 아네. "아린은 개성유치원을 졸업했고 아린은 개성초등학교 학생이다"에서 이고 앞말과 이고 뒷말을 말할 수 있겠지?
아린	응. 그 문장의 이고 앞말은 "아린은 개성유치원을 졸업했"이고 "아린은 개성초등학교 학생이다"야.
시린	맞아. 근데 이고 앞말을 "아린은 개성유치원을 졸업했다"라고 말해도 돼.
아린	알겠어. 다음에 물어보면 그렇게 답할게.
시린	그럼 "아린은 개성유치원을 졸업했고 아린은 개성초등학교 학생이다"에서 이고 앞말과 이고 뒷말을 맞바꾸어서 새로운 문장을 만들 수 있겠어?
아린	쉬워. "아린은 개성초등학교 학생이고 아린은 개성유치원을 졸업했다."
시린	그렇게 바꾸면 새로 만든 문장의 뜻이 달라질까?
아린	그렇게 물어보니까 "뜻"이 무슨 뜻인지 갑자기 어렵게 느껴져. 하지만 쉽게 생각해 보면 문장의 뜻은 그대로인 것 같아. 순서만 바뀌었지.
시린	맞아. "아린은 개성유치원을 졸업했고 아린은 개성초등학교 학생이다"와 "아린은 개성초등학교 학생이고 아린은 개성유치원을 졸업했다"는 다른 문장이야. 하지만 둘은 뜻이 같아. 더 깊게는 이야기하지 않을게.
아린	그렇구나. 오늘 배운 내용은 어렵지 않았어.
시린	그렇지? 그럼 몇 개를 더 배울까?
아린	아니. 오늘은 여기까지!

시린 응?

아린 오늘 수업 끝! 나 배고파.

시린 아직 끝이 아니야. 오늘 배워야 할 게 몇 개 더 있어.

아린 근처에 엄청 맛있는 만두 가게가 있어. 개성 만두 먹어봤어?

시린 만두? 내가 제일 좋아하는 음식인데.

아린 얼른 가자.

시린 오늘 공부 아직 안 끝났는데…….

아린 나 먼저 간다.

시린 아린! 같이 가.

혼자 천천히 읽기

오늘은 문장과 문장을 이어 새로운 문장을 만드는 낱말을 배웠습니다. 보기를 들어 "아린은 착하다"와 "만두는 맛있다"를 이어 한 문장으로 만들 수 있습니다.

아린은 착하고 만두는 맛있다.

이렇게 두 문장을 이어주는 낱말을 "문장 이음씨"라고 합니다. 위 문장에서 쓰인 문장 이음씨는 무엇일까요? "이고"입니다. "이고"라는 문장 이음씨를 써서 만든 문장을 "이고문장"이라 합니다.

두 문장을 "이고"로 이어 한 문장으로 만들어 놓고 나면 "이고"의 앞말과 뒷말이 생깁니다. 이고문장에서 이고 앞에 있는 말을 "이고 앞말"이라 하고, 이고 뒤에 있는 말을 "이고 뒷말"이라 합니다. 위의 보기에서 "아린은 착하다"는 이고 앞말입니다. 이고 뒷말은 "만두는 맛있다"입니다. 이고 앞말과 이고 뒷말의 임자말이 똑같다면 이고 뒷말에 있는 임자말을 안 쓰기도 한답니다.

아린은 착하고 씩씩하다.

이 문장에서 이고 뒷말은 "씩씩하다"가 아니라 "아린은 씩씩하다"입니다. 이고 뒷말에 있던 "아린"을 그냥 안 썼을 뿐입니다. "아린은 착하고 아린은 씩씩하다"를 "아린은 착하고 씩씩하다"로 짧게 쓴 것입니다. 임자말을 굳이 안 써도 뜻은 달라지지 않습니다.

하지만 이고 앞말과 이고 뒷말의 임자말이 다르다면 이고 뒷말의 임자말을 지우면 안 됩니다. "아린은 착하고 만두는 맛있다"를 "아린은 착하고 맛있다"라고 쓰면 이상한 문장이 되니까요. 이고 앞말과 이고 뒷말의 임자말이 같더라도 임자말이 너무 멀리 있으면 "이고" 뒤에 임자말을 쓰는 것이 낫습니다.

익힘 물음

가. 주어진 두 문장을 이어 이고문장 하나를 만드세요.

> 본보기
> ㄱ. 물체는 모양이 있습니다.
> ㄴ. 물체는 자리를 차지합니다.
>
> 물체는 모양이 있고 자리를 차지합니다.

01. ㄱ. 금속은 광택이 있습니다.
    ㄴ. 금속은 나무보다 단단합니다.
02. ㄱ. 나무는 금속보다 가볍습니다.
    ㄴ. 나무는 고유한 향과 무늬가 있습니다.
03. ㄱ. 첫째 돼지는 짚으로 집을 지었습니다.
    ㄴ. 둘째 돼지는 나무로 집을 지었습니다.
04. ㄱ. 아름다운 이 땅 금수강산에 단군 할아버지가 터 잡으시다.
    ㄴ. 홍익인간 뜻으로 나라 세우니 대대손손 훌륭한 인물도 많아.

나. 다음 문장에서 이고 앞말과 이고 뒷말을 찾으세요.

01. 까치 까치 설날은 어저께고 우리 우리 설날은 오늘이에요.
    이고 앞말:
    이고 뒷말:
02. 곱고 고운 댕기도 내가 들이고 새로 사 온 신발도 내가 신어요.
    이고 앞말:
    이고 뒷말:

다. 이고문장을 아무거나 하나 만들어 보세요.

03. 이거나와 이면

아린 　왜 그렇게 이곳에 오자고 한 거야? 학교 선생님이랑 자주 공부하러 오던 곳인데. 그래서 내게는 새로 볼 것도 없어.

시린 　정말 와 보고 싶은 곳이었어. 꿈을 이룬 느낌이야. 개성에 와서 가장 기쁜 일은 첫째가 아린을 만난 것이야. 둘째가 이곳 만월대에 온 일일 것 같아.

아린 　만월대를 어떻게 알아?

시린 　고려가 무너진 다음 조선 사람들은 이곳에서 보름달을 보았다는 이야기를 들었어. 이곳에서 본 보름달은 어떤 모습일까 궁금했어. 넌 이곳에서 보름달을 본 적 있어?

아린 　아니. 이곳에 달을 보러 오지는 않았어. 고려 역사를 배울 때 선생님이랑 때때로 왔어. 이곳은 왕건 임금이 세운 궁궐이었어. 지금은 터만 남았지만. 임금이 일하던 건물을 '회경전'이라 하는데 그 터가 바로 만월대야.

시린 　넌 아는 게 무척 많구나.

아린 　개성에 살면서 이 정도는 기본이지. 회경전은 고구려 안학궁을 본떠 만들었어. 고려는 고구려를 잇는다는 뜻을 줄곧 가졌으니까.

시린 　나중에 고려와 개성에 관해 네가 아는 다른 것들을 또 말해줘.

아린 　알았어. 다음에는 세계에서 처음으로 금속활자로 찍은 책 이야기를 해줄게. 그때 쓰인 금속활자 몇 개를 이곳 만월대에서 2017년에 찾아냈어.

시린 　우와 정말? 꼭 이야기해줘.

아린 　내게 논리를 제대로 가르쳐주면 금속활자 이야기를 더 해줄게.

시린 　난 고조선부터 지금까지 우리나라 사람들이 이루어 놓은 것들을 잘 간추리고 싶어. 그걸 한 권의 책에 담고 싶지.

아린	멋진 꿈이야.
시린	아린은 꼭 해보고 싶은 것 없어?
아린	나? 글쎄……. 일단 서울에 가보고 싶어.
시린	거기 내가 사니깐 언제든 놀러 와도 좋아. 서울 곳곳을 보여줄게.
아린	참말이야? 약속했어!
시린	응. 지금처럼 논리 공부를 계속한다는 마음만 있다면.
아린	그건 내가 더 바라는 일이야. 어제 못 했던 이야기를 들려줘.
시린	응. 오늘은 "이거나문장"과 "이면문장"을 이야기할게.
아린	두 가지를 배우는 거야? 어렵지 않아?
시린	어제 배운 이고문장을 잘 이해했으면 어렵지 않아.
아린	다행이다.
시린	"이고"가 문장 이음씨라고 했지? "이거나"와 "이면"도 문장 이음씨야.
아린	문장들을 이어주는 낱말인 거네.
시린	맞아. 이고문장은 두 문장이 "이고"로 이어진 문장이잖아?
아린	잠깐! 시린! 나 왠지 감이 와. 시린이 무엇을 가르칠지.
시린	정말? 벌써 뭘 배울지 미리 아는 정도까지 자란 거야?
아린	이고문장은 "이고"로 이어진 문장이었잖아. 그럼 이거나문장은 "이거나"로 이어진 문장이겠지. 또 이면문장은 "이면"으로 이어진 문장이겠다. 맞지?
시린	아린! 서울에 꼭 와. 너는 더 넓은 세계를 만나야 해. 맞아. 훌륭해.
아린	괜히 겁먹었다. 어려운 줄 알았는데.
시린	"이거나문장"은 "선언문" 또는 "선언문장"이라고도 해. "이면문장"은 "조건문" 또는 "조건문장"이라 달리 말하고.
아린	어려운 낱말은 나중에 쓸게. "이거나문장"과 "이면문장"은 확 와 닿지만 "선언문"과 "조건문"은 와 닿지 않아.
시린	그래. 어려운 낱말을 쓰길 좋아하는 어른들이 있으니까

	알아두면 좋아. 아직은 몰라도 됨.
아린	어른이 되면 그 낱말을 쓸지 말지 생각해 볼게.
시린	어렵다 싶은 건 꼭 말해줘. 잘 이해 안 되는 것도 꼭 물어주고. 그렇게 하는 게 배우는 사람이 가져야 할 바른 모습이야.
아린	알았어.
시린	이거나문장과 이면문장을 조금 더 이야기하자.
아린	문장 두 개를 줘봐. 이거나문장이랑 이면문장을 만들어 볼게.
시린	오늘은 배우고 싶어 스스로 나서네. 좋은 자세야.
아린	서울에 갈 생각을 하니 마음이 부풀어 그래.
시린	나도 기대가 되네. 어떤 문장을 줄까? 아 생각났다.

> 초록빛 바닷물에 두 손을 담가요.
> 파란 하늘빛 물이 들지요.
>
> 먼저 이 두 문장을 이고문장으로 만들어 볼래?

아린	어디서 많이 들어본 문장들 같은데. 쉬워.

> 초록빛 바닷물에 두 손을 담그고 파란 하늘빛 물이 들지요.

시린	그럼 이번에는 두 문장을 이어 이거나문장과 이면문장을 만들어 볼래?
아린	일단 이거나문장을 만들어 볼게.

> 초록빛 바닷물에 두 손을 담그거나 파란 하늘빛 물이 들지요.

시린	좋았어. 이면문장도 만들 수 있겠어?
아린	응. 어렵지 않아.

> 초록빛 바닷물에 두 손을 담그면 파란 하늘빛 물이 들지요.

시린	이것도 잘했어. 그럼 아린이 만든 세 문장을 모아서 써 볼게.

> 초록빛 바닷물에 두 손을 담그고 파란 하늘빛 물이 들지요.
> 초록빛 바닷물에 두 손을 담그거나 파란 하늘빛 물이 들지요.

초록빛 바닷물에 두 손을 담그면 파란 하늘빛 물이 들지요.
어때? 어렵지 않지?

아린　응. 이고문장, 이거나문장, 이면문장 모두 만드는 건 어렵지 않아.

시린　새로 만든 세 문장의 뜻이 같은 것 같아 다른 것 같아?

아린　글쎄. 또렷이 말하긴 어렵네. 하지만 뜻이 다른 것 같달까? 거의 비슷하게 생긴 문장들인데 말이야.

시린　그래. 뜻은 다른데 어떻게 다른지는 차츰 배우기로 하자. 이거나문장과 이면문장을 새로 안 것만으로 많이 배운 거야.

아린　맞아.

시린　그럼 어제와 오늘 배운 것들을 한 번 간추려 볼까?

아린　"이고", "이거나", "이면"은 문장 이음씨다. 문장 이음씨를 써서 여러 문장을 이을 수 있다.

시린　또?

아린　두 문장이 "이고"로 이어진 문장은 이고문장이다. 두 문장이 "이거나"로 이어진 문장은 이거나문장이다. 두 문장이 "이면"으로 이어진 문장은 이면문장이다. 같은 두 문장을 이은 것이라도 이고문장, 이거나문장, 이면문장은 모두 뜻이 다르다.

시린　좋았어! 오늘 공부 끝!

아린　기분도 좋고 날씨도 좋아.

시린　산들바람이 좋아. 개성의 하늘은 서울보다 맑아.

아린　서울 이야기를 듣고 싶어.

시린　그럴까? 좀 걸으며 이야기해줄게.

혼자 천천히 읽기

우리는 논리학을 배웁니다. 논리학은 주로 추론을 다룹니다. 우리는 첫날에 추론을 배웠습니다. 추론은 문장들의 모임이라고 했습니다. 어제와 오늘은 문장과 문장을 이어 새로운 문장을 만드는 일을 배웠습니다. 문장과 문장을 이어주는 낱말을 "문장이음씨"라고 한다고 했습니다.

우리는 문장 이음씨 셋을 배웠습니다. "이고", "이거나", "이면"이 그것입니다. "이고"에서 "이"가 빠질 수 있듯이 "이거나"에서 "이"가 빠져 "거나"로 쓸 때가 있습니다. 또 "이면"에서 "이"가 빠져 "면"으로 쓸 때가 있습니다. "이면" 대신에 "라면"을 쓰는 이들도 많습니다. 이 세 문장 이음씨를 써서 문장을 이으면 이고문장, 이거나문장, 이면문장이 나옵니다.

ㄱ. 초록빛 바닷물에 두 손을 담그고 파란 하늘빛 물이 듭니다.
ㄴ. 초록빛 바닷물에 두 손을 담그거나 파란 하늘빛 물이 듭니다.
ㄷ. 초록빛 바닷물에 두 손을 담그면 파란 하늘빛 물이 듭니다.

문장 ㄱ은 이고문장이고, 문장 ㄴ은 이거나문장이며, 문장 ㄷ은 이면문장입니다. 문장 ㄱ, 문장 ㄴ, 문장 ㄷ은 뜻이 모두 다릅니다.

문장 이음씨를 써서 이은 문장에는 앞말과 뒷말이 생깁니다. 어제 배웠듯이 이고문장에서 "이고" 앞에 있는 말은 '이고 앞말'이고 "이고" 뒤에 있는 말은 '이고 뒷말'입니다. 마찬가지로 이거나문장에서 "이거나" 앞에 있는 말은 '이거나 앞말'이고 "이거나" 뒤에 있는 말은 '이거나 뒷말'입니다. 이면문장에서 "이면" 앞에 있는 말은 '이면 앞말'이고 "이면" 뒤에 있는 말은 '이면 뒷말'입니다.

문장 이음씨를 다른 말로 "문장 바꾸개"라고도 합니다. 주어진 두 문장을 새로운 한 문장으로 바꾸기 때문입니다. 바뀐 문장들은 뜻이 같을 수 있고 다를 수 있습니다. "이고", "이거나", "이면"은 모두 문장 바꾸개입니다.

익힘 물음

가. 다음 주어진 두 문장을 이어 이고문장, 이거나문장, 이면문장을 하나씩 만드세요.

01. ㄱ. 나는 친구들과 함께합니다. ㄴ. 나는 두렵지 않습니다.
    이고문장:
    이거나문장:
    이면문장:

나. 다음 말이 참이면 "참"을 쓰고 거짓이면 "거"를 쓰세요.

01. "도깨비 빤스는 호랑이 가죽으로 만들었고, 도깨비 빤스는 이천 년 입어도 까딱없어요"는 이거나문장이다.
02. "엄마가 섬 그늘에 굴 따러 간다면 아기는 혼자 남아 집을 봅니다"는 이면문장이다.
03. "나는 튼튼하거나, 너는 똑똑하고 씩씩하다"는 이고문장이다.
04. "엄마가 섬 그늘에 굴 따러 가거나 아기는 혼자 남아 집을 봅니다"에서 이고 앞말은 "엄마가 섬 그늘에 굴 따러 간다"이다.
05. "도깨비 빤스는 호랑이 가죽으로 만들었거나, 도깨비 빤스는 이천 년 입어도 까딱없어요"에서 이거나 앞말은 "도깨비 빤스는 이천 년 입어도 까딱없어요"다.
06. "도깨비 빤스가 무쇠라면, 도깨비 빤쓰는 질기고도 튼튼해요"에서 이면 뒷말은 "도깨비 빤스는 질기고도 튼튼해요"다.
07. "아기는 잠을 곤히 자고 있고 엄마는 모랫길을 달려옵니다"는 "아기는 잠을 곤히 자고 있거나 엄마는 모랫길을 달려옵니다"와 뜻이 같다.
08. "아기는 잠을 곤히 자고 있고 엄마는 모랫길을 달려옵니다"는 "아기는 잠을 곤히 자고 있다면 엄마는 모랫길을 달려옵니다"와 뜻이 같다.

04. 참값

시린 아린! 첫째 시간에 배운 세 낱말 기억해?
아린 기억이 가물가물.
시린 그렇지? 너무 오래됐지? 힌트를 하나 줄게.
아린 농담이야. 당연히 기억하지. 추론! 전제! 결론!
시린 기억 못 할 줄 알았는데. 기억해 줘 고마워.
아린 지금까지 추론, 전제, 결론, 이고문장, 이거나문장, 이면문장을 배웠지.
시린 정말 훌륭해. 그럼 추론은 낱말의 모임이야? 문장이야? 문장의 모임이야?
아린 문장들의 모임이지.
시린 그렇지. 추론은 문장들의 모임이지. 추론이 되려면 적어도 문장이 몇 개 있어야 해?
아린 적어도 두 문장이 있어야 해.
시린 문장들 가운데 하나는 결론이었어. 나머지 문장은 무엇이 되어야 하지?
아린 쉬워. 전제!
시린 그래 맞아. 내가 이제 문장들 몇 개를 말해볼게.
　　　　아린아 학교에서 점심 맛있게 먹었니? 학교에서 밥을 맛있게 먹길 바라. 따라서 학교에서도 점심을 잘 챙겨 먹거라.
시린 이 문장의 모임은 추론일까?
아린 응. 당연히 추론이지.
시린 왜 그렇게 생각해?
아린 문장들로 이루어졌고 "따라서"가 있으니까.
시린 음. 아린, 미안. 이 문장들의 모임은 추론일 수 없어.
아린 왜? 문장들의 모임이고 "따라서"가 있으면 추론일 수 있다고 그랬잖아.
시린 맞아. 하지만 내가 아직 말하지 않은 게 있어.

아린 　실망이야. 쉽게 가르친다고 해놓고 잘못 가르친 거야?
시린 　미안해. 오늘 이야기를 잘 들어줘. 조금 어려운 내용일 수 있어.
아린 　알겠어.
시린 　추론을 이루는 문장은 아무 문장이어서는 안 돼. '참값을 가질 수 있는 문장'이어야 해.
아린 　참값?
시린 　응. 처음 듣는 낱말이지?
아린 　"옷값", "집값", "음식값"은 들어봤어도 "참값"은 첨 들어.
시린 　그런 낱말에서 "값"은 "참값"에서 "값"과 뜻이 같아.
아린 　그럼 "참값"에서 "참"은 뭐야?
시린 　"참값"에서 "참"은 "참이다"할 때 "참"이야.
아린 　"참값"은 쉬운 말로 이뤄졌네. 하지만 아직 알쏭달쏭해.
시린 　우리는 "이 옷은 얼마예요?"를 "이 옷의 옷값은 얼마예요?"라고 할 수 있지? 아니면 "이 옷의 옷값은 무엇이에요?"라고 묻든지.
아린 　응. 좀 군더더기가 많은 말이긴 하지만.
시린 　"이 문장은 참이에요 거짓이에요?"를 "이 문장의 참값은 무엇이에요?"라고 할 수 있는 거야.
아린 　"이 문장의 참값은 무엇이에요?"가 "이 문장은 참이에요 거짓이에요?"보다 짧긴 짧네.
시린 　그런 장점이 있지.
아린 　"이 문장의 참값은 무엇이에요?"에 답하기도 쉽겠네.
시린 　그렇지. 참인 문장의 참값은 참이고, 거짓인 문장의 참값은 거짓이니까.
아린 　쉬운 걸 괜히 어렵게 만든 것 같아. 이해했어.
시린 　"시린은 말한다"는 참이야 거짓이야?
아린 　지금 나에게 이야기하고 있으니까 그 말은 당연히 참이지.
시린 　맞아. 이때 "'시린은 말한다'의 참값은 참이다"라고 말할 수 있어.
아린 　"시린은 아린보다 어리다"는 거짓이니까 "시린은 아린보다 어리다"의 참값은 거짓이고.

시린 딩동댕! 이 정도 잘 따라오면 천재급이야.

아린 참인 문장의 참값은 참이고 거짓인 문장의 참값은 거짓이다. 이것만 알면 되니까.

시린 응. 그럼 문장의 참값은 모두 몇 가지야?

아린 두 가지밖에 이야기하지 않았어. 참과 거짓.

시린 맞아. 문장의 참값은 참과 거짓 둘 가운데 하나야.

아린 그럼 문장들을 크게 두 가지로 나눌 수 있겠네. 참인 문장과 거짓인 문장.

시린 그랬으면 좋겠어. 하지만 참도 아니고 거짓도 아닌 문장이 있어.

아린 엥?

시린 "아린아 학교에서 점심 맛있게 먹었니?"는 참일까 거짓일까?

아린 "아린아 학교에서 점심 맛있게 먹었니?"는 나에게 묻는 거잖아. 근데 묻는 문장을 놓고 그게 참이냐 거짓이냐 물으면 어떻게 해?

시린 맞아. 묻는 말은 참과 거짓을 가릴 수 없어.

아린 아 "아린아 학교에서 점심 맛있게 먹었니?"는 참도 아니고 거짓도 아니네.

시린 그러니까 "아린아 학교에서 점심 맛있게 먹었니?"는 참값을 갖지 않는 문장이야.

아린 참값을 갖지 않는 문장은 추론에 쓸 수 없어?

시린 응. 전제가 되려면 참값을 가져야 해.

아린 결론이 되려고 해도 참값을 가져야 해?

시린 응. 그럼 "학교에서도 점심을 잘 챙겨 먹거라"는 참값을 가질까?

아린 "학교에서도 점심을 잘 챙겨 먹거라"는 나에게 뭔가를 하라고 시키는 말이잖아. 이 문장도 참과 거짓을 따질 수 없어.

시린 맞아. 참값을 따질 수 있는 문장을 뭐라고 부르도록 하자.

아린	뭐라고 하면 좋아?
시린	"평서문", "서술문", "베풂월" 가운데 하나 골라봐. 다 뜻이 같아.
아린	다 어려운 낱말이네. 그냥 "평서문"으로 고를게.
시린	평서문은 참과 거짓을 따질 수 있는 문장이야.
아린	그럼 평서문은 참값을 가질 수 있어?
시린	대부분은 그래.
아린	대부분? 그럼 참값을 가질 수 없는 평서문도 있다는 거야?
시린	아주 야릇한 평서문이 있기는 있어. 이건 어른이 되어 배우도록 할까?
아린	그래. 난 이제 평서문을 배웠으니까.
시린	그냥 이제 "평서문은 참값을 가질 수 있다"고 편하게 말하자.
아린	알았어. 빨리 자라 참값을 가질 수 없는 평서문도 배웠으면 좋겠다.
시린	금방 어른이 될 거야. 아무튼 추론의 전제와 결론은 평서문이어야 해. 아까 처음 물음 기억나?
	아린아 학교에서 점심 맛있게 먹었니? 학교에서 밥을 맛있게 먹길 바라. 따라서 학교에서도 점심을 잘 챙겨 먹거라.
	이게 추론인지 아닌지 물었잖아?
아린	응. 이제 기억나. 이 모임에서 "아린아 학교에서 점심 맛있게 먹었니?"는 평서문이 아냐. "학교에서도 점심을 잘 챙겨 먹거라"도 평서문이 아니고.
시린	평서문들의 모임이 아니니까 이 문장들의 모임은 추론이 아냐.
아린	그렇구나. 그런데 왜 추론은 평서문들로 이뤄져야 해? 그러니까 왜 추론의 전제와 결론은 참값을 가져야 해?
시린	더 공부하고 싶구나.
아린	아냐 아냐. 나 집에 갈래. 집에 가서 생각해 볼게. 피곤하다. 안녕!

혼자 천천히 읽기

우리는 "참값"을 배웠습니다. 문장의 참값은 두 가지입니다. 참인 문장의 참값은 '참'입니다. 거짓인 문장의 참값은 '거짓'입니다. 우리는 문장 "하느님은 있다"가 참인지 거짓인지 모릅니다. 하지만 우리는 이 문장에 참값을 줄 수 있습니다. 어떤 이는 이 문장에 '참'을 주고 다른 이는 이 문장에 '거짓'을 줍니다. 추론의 전제가 되려면 참값을 가질 수 있는 문장이어야 합니다. 추론의 결론이 되려면 참값을 가질 수 있는 문장이어야 합니다. 참도 거짓도 아닌 것은 추론의 전제와 결론으로 쓸 수 없습니다. 참일 수도 없고 거짓일 수도 없는 것은 추론의 전제와 결론으로 쓸 수 없답니다.

추론은 "따라서"가 있는 문장들의 모임이라 배웠습니다. 하지만 이 문장들의 모임은 추론일까요?

아린아 학교에서 맛있게 점심 먹었니? 부모님이 보시지 않더라도 학교에서 밥을 맛있게 먹어주길 바라. 따라서 학교에서도 점심을 잘 챙겨 먹거라.

이 문장들의 모임은 추론처럼 보이지만 사실 추론이 아닙니다. 묻는 문장은 참과 거짓을 따질 수 없습니다. 하자고 부탁하는 말도 참과 거짓을 따질 수 없습니다. 하라고 명령하는 말도 참과 거짓을 따질 수 없습니다. 참과 거짓을 따질 수 없는 문장은 추론에 쓸 수 없습니다.

참과 거짓을 따질 수 있는 문장을 "평서문"이라 합니다. 추론의 전제와 결론은 평서문이어야 합니다. 묻는 문장, 부탁하는 문장, 명령하는 문장, 감탄하는 문장 등은 평서문이 아닙니다. 이들 문장은 참과 거짓을 따질 수 없고 참값을 아예 가질 수 없습니다. 이 때문에 묻는 문장, 부탁하는 문장, 명령하는 문장, 감탄하는 문장은 전제나 결론으로 쓰일 수 없습니다.

익힘 물음

가. 다음 문장의 참값은 무엇일까요? 참일 때는 "참"을 쓰고 거짓일 때는 "거"를 쓰세요. 참값을 줄 수 있지만 참값이 무엇인지 모를 때는 "모"를 쓰세요. 참값을 아예 줄 수 없을 때는 "없"을 쓰세요.

01. 달은 내 손보다 작다.
02. 평양은 서울보다 북쪽에 있다.
03. 허난설헌의 키는 선덕여왕의 키보다 크다.
04. 전생에 나는 고양이였다.
05. 우리는 왜 논리 공부를 해야 하나요?

나. 다음 표현들을 전제나 결론으로 쓸 수 있다면 "있"을 쓰고, 쓸 수 없다면 "없"을 쓰세요.

01. 학교에서 쉬는 시간에 있었던 일
02. 시작한 건 내가 아니야.
03. 정말 내 탓이 아닐까?
04. 그 앤 그냥 서서 울기만 했어.
05. 정말 짜증 나지 않니?
06. 아이고 엄마!

다. 다음 표현들의 모임이 추론일 수 없는 까닭은 무엇인가요?

01. 할머니, 나, 엄마, 동생. 우리는 가족. 따라서 우리는 서로를 사랑해.
02. 나는 과학을 좋아한다. 너는 수학을 좋아한다. 순이는 체육을 좋아한다. 돌이는 국어를 좋아한다. 우리는 모두 공부를 좋아한다.
03. 오늘 입은 옷 우와 정말! 인터넷에서 샀어? 따라서 나도 인터넷에서 앞으로 옷을 사야겠다.

05. 참값모눈

시린 이번에 새로 올라온 방탄소년단의 경복궁 공연 영상을 보았어?
아린 응. 방탄은 정말 대단해.
시린 방금 내가 한 물음은 추론의 전제나 결론이 될 수 있을까?
아린 아. 벌써 오늘 공부 시작이야? 방탄 이야기 안 하고?
시린 응. 그건 다음에 이야기해. 내 물음에 대답해 줘.
아린 물음이 뭐였지?
시린 "이번에 새로 올라온 방탄소년단의 경복궁 공연 영상을 보았어?"는 추론의 전제나 결론이 될 수 있을까?
아린 없지.
시린 왜?
아린 묻는 문장이니까. 추론의 전제와 결론은 참과 거짓을 따질 수 있는 평서문이어야 해. 하지만 묻는 문장은 참과 거짓을 따질 수 없어.
시린 그럼 네가 대답한 "방탄소년단은 정말 대단해"라는 문장은 추론의 전제나 결론이 될 수 있을까?
아린 물론이지. 그 문장은 참이니까! 나는 그냥 감탄으로 그런 말을 한 게 아냐. 참말로 그렇게 생각해.
시린 하하. 맞아. 우리가 사는 세계에서 그 말은 참말이지.
아린 시린도 방탄이 세계에서 엄청나게 사랑받는다는 걸 아는구나. 공부만 하느라 그런 건 모를 줄 알았는데.
시린 그래? 나는 그건 잘 몰랐는데.
아린 방금 그렇게 말했잖아. "우리가 사는 세계"라고. 그게 그 말 아니야?
시린 아. 내가 말한 "세계에서"를 그렇게 해석했구나.
아린 응. 방탄은 세계 곳곳에서 인기가 많은 아이돌이야. 세계 최강 아이돌.

시린   내가 아까 말한 "세계"와 네가 말하는 "세계"가 같은 뜻일까?

아린   같은 거 아니야? 얼굴이 왜 갑자기 진지해져?

시린   내가 말하는 "세계"를 생각하니 아득해져서.

아린   아득해지다니. 그건 무슨 말이야. 아시아, 아프리카, 유럽, 아메리카, 오세아니아, 이렇게 다양한 나라들을 세계라고 하잖아. 나는 「걸어서 세계 속으로」라는 프로그램을 좋아하는데. 거기엔 온갖 나라 여행기가 다 나오잖아.

시린   내가 말한 "세계"는 아린이 말한 "세계"보다 큰 것을 가리켜. 내가 말한 세계는 "우주"라고 말하는 것이 더 낫겠다.

아린   그럼 내가 말한 "세계"는 "지구"에 가깝네.

시린   맞아. 내가 "우리 세계"라고 할 때는 지구도 태양계도 넘어서 우리 은하계뿐만 아니라 다른 은하들을 모두를 포함하는 우리 우주를 가리켜.

아린   굳이 우주면 우주지 우리 우주는 뭐야? 다른 우주가 있다는 거야?

시린   역시 논리 소녀 과학 소녀군. 혹시 "평행우주"라는 말 들어봤어?

아린   이민호 오빠와 김고은 언니가 나온 「더 킹: 영원의 군주」에 그런 이야기가 나온 것 같아.

시린   맞아. 평행우주를 이야기하는 사람들은 우리 우주 말고 다른 우주가 있다고 말해. 나는 그들이 말하는 "우리 우주"를 "우리 세계"라고 하고 "다른 우주"를 "다른 세계"라고 말하고 싶어.

아린   왜 그렇게 시린 혼자 다르게 말하고 싶은데.

시린   나 혼자 그렇게 말하는 건 아냐. 아무튼 시린과 아린이 사는 이 거대한 우주를 "우리 세계"라고 부를게. 방탄소년단이 안드로메다에 알려진다면 거기서도 인기가 대단할 거야.

아린   아무튼 안드로메다도 우리 세계 안에 넣는다는 거지?

시린   응. 맞아. 이해가 빠르네.
아린   그럼 시린은 다른 세계가 있다고 생각해?
시린   나는 우리 세계가 우주의 모든 것이라고 믿는 쪽이야. 하지만 모르지 다른 세계가 있을지도.
아린   믿지도 않으면서 왜 다른 세계를 이야기하려 해?
시린   나는 그냥 "생각할 수 있는 다른 세계"를 이야기하려고.
아린   생각할 수 있는 다른 세계?
시린   내가 모눈을 하나 그려줄게. 그걸 보고 이야기해보자.
아린   모눈?
시린   다른 어른들은 "표"라고 해. 나는 "모눈종이"할 때 "모눈"이 더 어울리는 낱말 같아.
아린   모눈이 무엇을 말하는지 이제 또렷해.
시린   내가 처음에 그릴 모눈은 이거야.

세계	아린은 개성에서 태어났다.
우리 세계	참
다른 세계	거짓

아린   이 모눈은 무엇을 그린 거야?
시린   이건 세계에 따라 문장의 참값이 어떻게 되는지 그린 그림이야. 이 그림을 "참값모눈"이라고 해. 다른 말로는 "진리표"라 하고.
아린   우리 세계에서 "아린은 개성에서 태어났다"가 '참'인 건 이해할 것 같아.
시린   "아린은 개성에서 태어났다"를 네가 서울에서 말한다고 해도 참이고, 뉴욕에서 말한다고 해도 참이고, 화성이나 목성, 블랙홀에서 말한다고 해도 참일 거야. 그치?
아린   음. 그렇지. 그런데 우리 세계는 엄청나게 넓다며.
시린   우리 세계가 무척 넓다는 걸 잘 이해했구나. 맞아. 우리 세계의 시작과 끝을 정확히 아는 사람은 아직 없어. 앞으로도 알기 어려울 거야.
아린   그럼 다른 세계가 생길 틈이 없는 거 아니야? 다른 세계는 뭐야?

시린 아린이 다른 도시나 다른 나라에서 태어났다고 생각해 볼 수 없어?

아린 생각해 볼 수 있지. 자주 생각하니까. 내가 파리에서 태어났다면 하고 때때로 생각하지.

시린 아린이 다른 도시에서 태어나는 일이 벌어진다면 그곳은 우리 세계일까?

아린 어려운 물음이네. 그곳은 생각으로만 있는 세계지. 생각 속의 세계.

시린 그래 맞아. 아린이 파리에서 태어나 자라는 세계는 우리 세계가 아냐. 그 세계는 생각할 수 있는 다른 세계야.

아린 생각할 수 있는 세계는 실제로 있는 세계는 아니겠지?

시린 생각할 수 있는 세계는 아주 많아. 그 가운데 몇몇은 실제로 있는 세계야. 우리 세계도 생각할 수 있는 세계 가운데 하나잖아. 우리 세계는 생각할 수 있을 뿐만 아니라 실제로 있는 세계지.

아린 우리 세계 말고 다른 세계도 실제로 있을 수 있지?

시린 그럼. 하지만 몇 개의 세계가 실제로 있는지 묻지는 말아줘. 대답할 수 없어. 또 지금 그걸 따지지도 않을 거야.

아린 궁금하지만 참을게. 내가 파리에서 태어나 멋진 대학생으로 자란 세계가 있다면 좋겠지만.

시린 지금도 더할 나위 없이 멋쟁이야. 욕심내지 마. "생각할 수 있는 세계"는 "있을 수 있는 세계"라고 말해도 좋아. 있을 수 있다고 참말로 있는 건 아니라는 거 이해하지?

아린 시린. 나도 같이 아득해지는 기분이야. 생각할 수 있는 세계들 이곳저곳으로 여행하는 느낌이야.

시린 그렇지? 너도 그런 기분을 느끼길 바랐어.

아린 또 머리도 아파! 근데 왜 꼭 다른 세계까지 생각해야 해? 그냥 우리가 사는 세계에서 끝내면 안 돼?

시린 논리가 그런 거야. 생각할 수 있는 모든 세계에서 맞는 말을 찾는 거야. 실제로 벌어지는 일뿐만 아니라 벌어질지도 모르는 모든 일에 맞는 말을.

아린 그래. 그렇게 이야기하니 조금은 이해할 수 있을 것 같아.
시린 다시 모눈을 보자. 우리 세계에서 "아린은 개성에서 태어났다"의 참값은?
아린 참이야.
시린 그럼 "아린은 개성에서 태어났다"가 거짓인 세계를 생각할 수 있어?
아린 응. 우리는 그런 세계를 생각할 수 있어.
시린 그런 세계에서 "아린은 개성에서 태어났다"의 참값은?
아린 그 세계에서는 거짓이야.
시린 그 세계에서는 너는 어디에서 태어났을까?
아린 나는 내가 파리에서 태어난 세계를 생각할 수 있어. 그 세계에서 나는 파리에서 태어났어. 나는 내가 서울에서 태어난 세계를 생각할 수 있어. 그 세계에서 나는 서울에 태어났어.
시린 어디에서 태어나면 가장 멋질 것 같아?
아린 레이캬비크?
시린 거기가 어디야?
아린 아이슬란드의 수도. 하지만 난 내가 태어난 곳이 자랑스러워.
시린 멋진 상상이다. 이제 네가 참값모눈을 하나 그려볼까?
아린 무슨 문장으로?
시린 음 "아린은 레이캬비크에서 태어났다"가 좋겠다.

세계	아린은 레이캬비크에서 태어났다.

여기 빈칸을 채워봐.
아린 왼쪽 세로줄 칸은 왜 비웠어?
시린 네가 마음대로 채우라고.
아린 첫째 칸에 "우리 세계"를 넣고 둘째 칸에 "다른 세계"를 넣으면 되는 거 아냐?
시린 아무렇게 써도 상관없어. 첫째 칸에 "다른 세계"를 넣고 둘째 칸에 "우리 세계"를 넣어도 돼.

아린 그럼 첫째 칸에 "우리 세계"를 넣고 둘째 칸에 "다른 세계"를 넣어볼게.

세계	아린은 레이캬비크에서 태어났다.
우리 세계	
다른 세계	

그다음은 어떻게 해야 해?

시린 우리 세계에서 "아린은 레이캬비크에서 태어났다"의 참값이 뭐지?

아린 거짓이야. 그럼 오른쪽 세로줄 첫째 칸에 '거짓'을 넣으면 되지? 이렇게.

세계	아린은 레이캬비크에서 태어났다.
우리 세계	거짓
다른 세계	

시린 남은 빈칸도 채울 수 있겠지?

아린 다른 세계들은 아주 많잖아?

시린 그렇지. 너는 "아린은 레이캬비크에서 태어났다"의 참값이 우리 세계와 다른 세계만 생각하면 되지 않을까?

아린 아 "생각할 수 있는 다른 세계"란 그 뜻이구나. 그럼 쉽지. 그 다른 세계에서 "아린은 레이캬비크에서 태어났다"의 참값은 참일 테니.

세계	아린은 레이캬비크에서 태어났다.
우리 세계	거짓
다른 세계	참

시린 "아린은 레이캬비크에서 태어났다"가 참인 다른 세계가 드디어 나타났네!

아린 생각만으로 기분이 좋네. 언젠가 세계 곳곳을 여행하고 싶어. 하지만 여기서 "세계"는 "지구"를 뜻해. 달이나 화성으로 여행하려면 돈이 많이 들어. 우리 은하 바깥으로 나가기는 어려울 거야.

시린 하하. 응. 알겠어. 너의 꿈을 늘 응원할게.

혼자 천천히 읽기

우리는 여러 다른 세계를 생각할 수 있습니다. 그 세계들 가운데는 참말로 있는 세계가 있고 다만 생각 속에만 있는 세계도 있습니다. 참말로 있는 세계를 "실현된 세계"라고 합니다. 우리는 실현된 세계가 하나인지 여럿인지 아직 모릅니다. 다만 우리가 사는 세계는 실현된 세계들 가운데 하나입니다. 우리가 사는 이 세계를 "우리 세계"라고 합니다. 우리 세계든, 실현된 세계든, 생각 속에만 있는 세계든 모두 '생각할 수 있는 세계'입니다. "생각할 수 있는 세계"를 다른 말로 "있을 수 있는 세계" 또는 "가능 세계"라고 합니다. 우리 세계도 가능 세계들 가운데 하나입니다.

"지구의 달은 하나다"의 참값은 생각하는 세계에 따라 달라집니다. 생각에 따라 달라지는 문장의 참값을 그림으로 그릴 수 있습니다. 이 그림을 "참값모눈"이라고 합니다. "지구의 달은 하나다"의 참값모눈을 그려 보겠습니다.

세계	지구의 달은 하나다.
우리 세계	참
다른 세계	거짓

"지구의 달은 하나다"는 우리 세계에서 참입니다. 우리는 달이 두 개인 지구를 생각할 수 있습니다. 다시 말해 우리는 "지구의 달은 하나다"가 거짓인 세계를 생각할 수 있습니다. 그 세계에서 "지구의 달은 하나다"의 참값은 거짓입니다.

우리 세계에서 거짓인 문장으로도 참값모눈을 만들 수 있습니다.

세계	이순신은 울돌목 싸움에서 졌다.
우리 세계	거짓
다른 세계	참

우리 세계에서 "이순신은 울돌목 싸움에서 졌다"의 참값은 거짓입니다. 하지만 우리는 이순신 장군이 울돌목 싸움에서 일본에게 지는 세계를 생각할 수 있습니다. 그 세계에서 "이순신은 울돌목 싸움에서 졌다"의 참값은 참입니다.

익힘 물음

가. 아래 참값모눈의 빈칸을 채우세요.

01.
세계	한 해는 열두 달이다.
우리 세계	참
다른 세계	

02.
세계	세종은 한글을 만들지 않았다.
우리 세계	
다른 세계	

03.
세계	한라산은 백두산보다 높다.
다른 세계	
우리 세계	

04.
세계	광주는 개성과 서울 사이에 있다.
	참

나. 다음 문장이 참이면 "참"을 쓰고 거짓이면 "거"를 쓰세요. 참인지 거짓인지 모르면 "모"를 쓰세요.

01. 참말로 있는 세계를 "실현된 세계"라 한다.
02. 실현된 세계는 단 하나뿐이다.
03. 실현된 세계는 없다.
04. 우리 세계는 실현된 세계 가운데 하나다.
05. 우리 세계는 가능 세계가 아니다.
06. 우리 세계에서 참인 문장은 다른 세계에서도 참이다.
07. 우리 세계에서 거짓인 문장은 다른 세계에서도 거짓이다.
08. 몇몇 문장은 우리 세계와 다른 세계에서 참값이 다르다.

06. 뜻이 같다

아린 시린! 내가 학교에서 배운 이야기를 좀 해줄까?
시린 응. 기대되는데.
아린 금속 활자 이야기. 활자가 뭔지는 알지?
시린 네 설명을 들어보자. 활자가 뭐야?
아린 활자는 '살아있는 글자'를 뜻해.
시린 똑똑하구나. 근데 글자가 어떻게 살아있어?
아린 활자는 움직일 수 있는 글자 하나하나의 본이거든. 글자가 움직일 수 있어서 그렇게 이름 지은 것 같아.
시린 오 그렇구나. 활자를 만들어 글을 찍는 기술은 누가 처음 만들었어?
아린 그것까지는 모르겠는데.
시린 우리나라 이야기만 아는구나. 1040년 무렵 중국의 필승이 발명했다고 해. 그는 아마 찰흙을 빚어서 만들었을 거야.
아린 쇠붙이로 활자를 처음 만든 이는 고려사람이지.
시린 응 맞아. 금속 활자로 찍은 세계 최초의 책이 고려에서 나왔어.
아린 지금까지 남아 있는 책 가운데 가장 오래된 금속 활자 책이 뭔지 알아?
시린 『백운화상초록불조 직지심체요절』 아냐? 1377년 무렵에 만들어진 책이야. 이 책은 우리나라에 없고 프랑스 국립도서관이 갖고 있지.
아린 최신 소식을 모르는구나.
시린 우리나라가 『직지』를 돌려받았어?
아린 1239년에 금속 활자로 찍은 책이 우리나라에 있다고. 『남명천화상송증도가』라고. 경남 양산의 공인박물관에 있는 책이야.

시린 정말? 충격이야. 내가 그걸 아직 모르고 있었다니.
아린 2015년부터 2017년까지 개성 만월대에서 우리나라 학자들이 당시 활자 6개를 새로 발굴했어.
시린 금속 활자로 찍은 첫 책은 내가 더 알아봐야겠어.
아린 요즘 학교에서는 그렇게 배워.
시린 알았어. 오늘 논리 공부 시작해야지?
아린 쉬운 걸로 부탁합니다.
시린 어제 배운 참값모눈을 만들어볼까? 쉬운 문장 하나 생각해봐.
아린 잠깐만 기다려봐. 음. 매미는 곤충이다. 어때?
시린 갑자기 매미는 왜?
아린 매미 소리 안 들려? 여름을 알리는 소리야.
시린 아. 그러네. 매미 소리가 한가득이구나. 좋아. 좋은 문장을 만들어줬어. 이걸 갖고 참값모눈을 만들자. 내가 종이에 써볼게.

세계	매미는 곤충이다.
우리 세계	
다른 세계	

우리 세계에서 "매미는 곤충이다"는 참인 문장이야. 우리 세계에서 "매미는 곤충이다"의 참값은 뭐지?
아린 또 말놀이 시작이다. '참'이지.
시린 말놀이는 즐거운 놀이야. 우리는 "매미는 곤충이다"의 참값이 거짓인 다른 세계를 생각할 수 있겠지?
아린 그래.
시린 그럼 넌 참값모눈의 빈칸을 채울 수 있지? 채워봐.
아린 식은 죽 먹기지.

세계	매미는 곤충이다.
우리 세계	참
다른 세계	거짓

시린 여기까지는 우리가 지난 시간에 배운 거지?
아린 새로운 걸 가르쳐줘.

시린 아린, 천천히 천천히. 이 모눈에서 "다른 세계"란 어떤 세계를 말할까?

아린 음. "매미는 곤충이다"가 거짓인 세계?

시린 맞아. 다른 세계들은 아주 많아. 하지만 이 참값모눈에서 "다른 세계"란 그냥 "매미는 곤충이다"의 참값이 우리 세계와 다른 세계를 뜻해.

아린 시린이 굳이 말 안 해도 벌써 알고 있었어.

시린 그래도 헷갈릴 수 있어. 그래서 미리 말해 두는 거야.

아린 알았어. 다음에 내가 헷갈릴 때 다시 이야기해줘.

시린 응. 그럼 새로운 문장의 참값모눈을 만들자.

세계	매미는 곤충이다.	'매미는 곤충이다'는 참이다.
우리 세계	참	
다른 세계	거짓	

아린 모눈에 칸이 하나 늘었네? 왜 예전 문장을 그대로 남겨 두는 거야?

시린 좀 헷갈리지? 두 문장을 견주어 보려고 그러는 거야.

아린 아무튼 새 문장이라는 게 "'매미는 곤충이다'는 참이다"라는 문장이지?

시린 응. 어서 빈칸을 채워봐.

아린 우리 세계에서 "'매미는 곤충이다'는 참이다"의 참값을 따지면 되는구나. 음. 이거 당연히 '참'이잖아.

세계	매미는 곤충이다.	'매미는 곤충이다'는 참이다.
우리 세계	참	참
다른 세계	거짓	

시린 잘했어. 다른 세계는 "매미는 곤충이다"가 거짓인 세계야. 이제 그 세계에서 "'매미는 곤충이다'는 참이다"의 참값을 따지면 되겠네.

아린 생각할 것도 없이 '거짓'이지.

세계	매미는 곤충이다.	'매미는 곤충이다'는 참이다.
우리 세계	참	참
다른 세계	거짓	거짓

시린　역시 넌 내 제자야. 감동했어.
아린　뭐 박수까지 치고 그래. 이 정도 갖고.
시린　네가 모눈을 채우는 모습이 너무 멋져서 그래.
아린　칭찬은 그만하고. 무엇을 가르치고 싶었던 거지?
시린　"매미는 곤충이다"의 참값모눈을 다시 살펴봐. 또 "'매미는 곤충이다'는 참이다"의 참값모눈도. 둘을 견주어 보렴.
아린　우리 세계에서 두 문장의 참값이 같아. 또 다른 세계에서도 두 문장의 참값이 같고.
시린　생각할 수 있는 세계는 모두 몇 가지야?
아린　두 가지.
시린　생각할 수 있는 모든 세계에서 두 문장의 참값은 같아? 달라?
아린　같아.
시린　생각할 수 있는 모든 세계에서 두 문장의 참값이 같을 때 "참값모눈이 같다"라고 말해.
아린　그럼 두 문장은 참값모눈이 같구나.
시린　맞아. 참값모눈이 같은 두 문장을 "뜻이 같다"라고 해.
아린　아 "뜻이 같다"는 게 그런 뜻이구나.
시린　응. 맞아. 두 문장의 뜻이 같다는 건 두 문장이 생각할 수 있는 모든 세계에서 참값이 똑같다는 걸 말하지.
아린　빙빙 돌리며 말하는 것 같아. 내가 가지런히 다시 말해 볼게.

　　　생각할 수 있는 모든 세계에서 두 문장의 참값이 같다.
　　　두 문장은 참값모눈이 같다.
　　　두 문장은 뜻이 같다.

　　　이 셋이 같은 말이라는 말이잖아.
시린　맞아. 정리를 잘하네. 우리가 견주어 본 두 문장은 뭐지?
아린　하나는 "매미는 곤충이다"고 다른 하나는 "'매미는 곤충이다'는 참이다"야.

시린 헷갈리지 않았구나. 두 문장은 뜻이 달라?

아린 아니. 두 문장은 참값모눈이 똑같으니까 두 문장은 뜻이 같아.

시린 그럼 우리 세계에서 거짓인 문장을 놓고 따져 볼까?

아린 그럼 내가 거짓인 문장을 만들어볼게. "아린은 나무다"는 어때?

시린 아린은 나무처럼 쑥쑥 자라지만 나무는 아니지. 그럼 네가 참값모눈에 참값을 채워봐.

세계	아린은 나무다.	'아린은 나무다'는 참이다.
우리 세계		
다른 세계		

아린 우리 세계에서 "아린은 나무다"의 참값은 거짓이니까 이렇게.

세계	아린은 나무다.	'아린은 나무다'는 참이다.
우리 세계	거짓	
다른 세계		

시린 시작이 좋다.

아린 다른 세계란 "아린은 나무다"의 참값이 우리 세계와 다른 세계를 말하지. 그 세계에서 "아린은 나무다"의 참값은 참이야.

세계	아린은 나무다.	'아린은 나무다'는 참이다.
우리 세계	거짓	
다른 세계	참	

시린 하나씩 차근차근 채우는 모습이 보기 좋아.

아린 그다음 우리 세계에서 "'아린은 나무다'는 참이다"의 참값을 따지면 되겠구나. 우리 세계에서 "'아린은 나무다'는 참이다"는 거짓이야. 그러니까 오른쪽 첫째 칸에 '거짓'을 쓰는 게 맞아.

세계	아린은 나무다.	'아린은 나무다'는 참이다.
우리 세계	거짓	거짓
다른 세계	참	

시린　마지막 하나 남았다.

아린　다른 세계에서 "아린은 나무다"는 '참'이었어. 그 세계에서 "'아린은 나무다'는 참이다"도 참이지.

세계	아린은 나무다.	'아린은 나무다'는 참이다.
우리 세계	거짓	거짓
다른 세계	참	참

시린　잘했어. 그럼 "아린은 나무다"와 "'아린은 나무다'는 참이다"는 뜻이 같아?

아린　같아. 두 문장은 생각할 수 있는 모든 세계에서 참값이 같아. 다시 말해 두 문장의 참값모눈은 같아.

시린　두 참값모눈을 그리면서 우리가 배운 게 있어. 한 문장에 "는 참이다"를 붙여도 뜻이 달라지지 않는다는 사실.

아린　오 재미있어. 바로 다음 공부 이어서 하자.

시린　난 이제 약속이 있어서 그만.

아린　누구랑? 개성에 아는 사람 또 없잖아?

시린　비밀.

아린　누군데?!

시린　비밀이라니깐. 하하하.

혼자 천천히 읽기

우리는 "매미는 곤충이다"와 "'매미는 곤충이다'는 참이다"의 참값모눈을 그릴 수 있습니다. 문장의 모습은 조금 달라졌지만 두 문장은 생각할 수 있는 모든 세계에서 참값이 같습니다.

세계	매미는 곤충이다.	'매미는 곤충이다'는 참이다.
우리 세계	참	참
다른 세계	거짓	거짓

이는 "매미는 곤충이다" 말고 다른 문장을 넣어도 똑같습니다. 우리 세계에서 거짓인 문장으로 참값모눈을 만들어도 비슷한 것을 볼 수 있습니다. "나비는 새다"는 우리 세계에서 거짓입니다.

세계	나비는 새다.	'나비는 새다'는 참이다.
우리 세계	거짓	거짓
다른 세계	참	참

생각할 수 있는 모든 세계에서 두 문장의 참값은 같습니다. 그리고 참값모눈을 그릴 때 "우리 세계"와 "다른 세계"를 쓰는 차례를 바꾸어도 됩니다.

세계	나비는 새다.	'나비는 새다'는 참이다.
다른 세계	참	참
우리 세계	거짓	거짓

"우리 세계"를 먼저 쓰든 "다른 세계"를 먼저 쓰든 상관없습니다. 생각할 수 있는 모든 세계에서 참값이 같은 두 문장을 두고 "참값모눈이 같다"라고 합니다. 참값모눈이 같은 두 문장은 뜻이 같습니다. "매미는 곤충이다"와 "'매미는 곤충이다'는 참이다"는 뜻이 같습니다. "나비는 새다"와 "'나비는 새다'는 참이다"는 뜻이 같습니다. 참값을 갖는 문장에 "는 참이다"를 덧붙이면 문장 모습은 조금 달라집니다. 하지만 참값은 바뀌지 않습니다. 따라서 참값을 갖는 문장에 "는 참이다"를 덧붙여도 문장의 뜻은 달라지지 않습니다.

익힘 물음

가. 아래 참값모눈의 빈칸을 채우세요.

01.
세계	고양이는 새다.	'고양이는 새다'는 참이다.
우리 세계	거짓	
다른 세계	참	

02.
세계	얼음은 뜨겁다.	'얼음은 뜨겁다'는 참이다.
다른 세계		
우리 세계	거짓	

03.
세계	거미는 물고기다.	'거미는 물고기다'는 참이다.
우리 세계		
다른 세계		

나. 다음 표현들 또는 문장들이 서로 같은 뜻이면 "같"을 쓰세요. 다른 뜻이면 "다"를 쓰세요.

01. ㄱ. 옛날 사람들은 소달구지에 무거운 짐을 싣고 날랐어요. ㄴ. "옛날 사람들은 소달구지에 무거운 짐을 싣고 날랐어요"는 참이에요.

02. ㄱ. "돛단배는 사람의 힘으로 강을 건너요"는 참이에요. ㄴ. 돛단배는 바람의 힘으로 강을 건너요.

03. ㄱ. "얼음은 차다"는 참이다. ㄴ. "'얼음은 차다'는 참이다"는 참이다.

04. ㄱ. "'별은 낮에도 있다'는 참이다"는 참이다. ㄴ. 별은 낮에도 있다.

05. ㄱ. 옛날에는 말을 타고 한양까지 간 사람이 있어요. ㄴ. "옛날에는 말을 타고 한양까지 간 사람이 있어요"는 거짓이어요.

06. ㄱ. 비행기를 타고 해외로 출장을 가는 시대라니! ㄴ. "비행기를 타고 해외로 출장을 가는 시대라니!"는 참이에요.

07. ㄱ. 맛있는 아이스크림. ㄴ. "맛있는 아이스크림"은 참이다.

07. 거짓이다

시린   어젠 '참이다'의 참값모눈을 배웠는데 기억나?
아린   응. 문장에 "는 참이다"를 덧붙여도 참값이 달라지지 않는다는 걸 배웠지.
시린   "눈은 희다"와 "'눈은 희다'는 참이다"는 뜻이 달라?
아린   아니. 두 문장은 뜻이 똑같아.
시린   좋아. 그럼 오늘은 "는 거짓이다"를 배워 볼까?
아린   얼른 가르쳐 줘. 왠지 어렵지 않을 것 같아.
시린   참값모눈을 만드는 것으로 시작할까?
아린   응. 이제 참값모눈 그리는 거 잘 할 수 있어. 오늘도 빈칸이 있겠지?
시린   어제 그려 본 건데 다시 그려 볼게.

세계	나비는 새다.
우리 세계	
다른 세계	

빈칸을 채울 수 있겠어?

아린   응. 숨쉬기보다 쉽지.

세계	나비는 새다.
우리 세계	거짓
다른 세계	참

시린   잘했어. 그럼 옆에 새로운 문장을 만들어 넣어볼게. 이 문장의 참값모눈도 같이 만들어보자.

세계	나비는 새다.	'나비는 새다'는 거짓이다.
우리 세계	거짓	
다른 세계	참	

빈칸을 채울 수 있겠어?

아린   이것도 어렵지 않은데. 잠깐만 생각해볼게.
시린   먼저 우리 세계에서 "'나비는 새다'는 거짓이다"의 참값을 따져 봐.

아린 우리 세계에서 "'나비는 새다'는 거짓이다"는 참이잖아. 그러니까 우리 세계에서 "'나비는 새다'는 거짓이다"의 참값은 '참'이야. 모눈에 이렇게 적으면 되겠네.

세계	나비는 새다.	'나비는 새다'는 거짓이다.
우리 세계	거짓	참
다른 세계	참	

시린 그래 맞아. 남은 빈칸을 채워봐.

아린 다른 세계에서 "'나비는 새다'는 거짓이다"의 참값을 따지면 되지?

시린 그래.

아린 다른 세계에서 "나비는 새다"가 참이잖아. 그 세계에서 "'나비는 새다'는 거짓이다"라고 말하면 그건 거짓이 되겠지.

시린 그럼 그 세계에서 "'나비는 새다'는 거짓이다"의 참값은?

아린 당연히 '거짓'이지. 그럼 모눈에 이렇게 적으면 되겠다!

세계	나비는 새다.	'나비는 새다'는 거짓이다.
우리 세계	거짓	참
다른 세계	참	거짓

시린 잘 모르면 내가 가르쳐주려 했는데 완벽하게 채웠구나! 박수!

아린 헤헤.

시린 이제 두 문장의 참값모눈을 견주어 볼까? 두 문장이 뭐지?

아린 하나는 "나비는 새다"야. 다른 하나는 "'나비는 새다'는 거짓이다"고.

시린 둘은 같은 문장이야? 다른 문장이야.

아린 당연히 다른 문장이지.

시린 어떻게 달라?

아린 왼쪽 문장에 "는 거짓이다"를 붙여 오른쪽 문장을 만들었어.

시린 눈썰미도 좋다. 오른쪽 문장은 왼쪽 문장의 '거짓이다문장'이야.

아린 거짓이다문장?

시린 응. "부정문"이라고도 해.

시린 "는 거짓이다"를 붙이니 참값이 어떻게 되었어? 그대로야? 바뀌었어?

아린 바뀌었네.

시린 어떻게?

아린 참은 거짓으로. 거짓은 참으로.

시린 그럼 "는 거짓이다"는 문장의 참값을 바꾸는 말인 셈이네.

아린 "는 참이다"는 문장의 참값을 바꾸지 않는데.

시린 맞아. 그럼 "는 거짓이다"는 문장의 참값을 어떻게 바꾸지?

아린 참은 거짓으로. 거짓은 참으로.

시린 그럼 "나비는 새다"와 "'나비는 새다'는 거짓이다"는 뜻이 같아 달라?

아린 첫눈에 봐도 달라. 참값모눈을 배우지 않아도 둘이 다르다는 걸 알았어.

시린 똑똑해! 그럼 "나비는 새다" 말고 다른 문장으로 거짓이다문장을 만들어볼까?

아린 무슨 문장으로 할까. 음. "매는 날 수 있다" 어때?

시린 좋아. 아래 빈칸에 참값들을 채워볼까?

세계	매는 날 수 있다.	'매는 날 수 있다'는 거짓이다.
우리 세계		
다른 세계		

아린 어렵지 않아. 우리 세계에서 "매는 날 수 있다"의 참값은 '참'이지.

시린 그럼 우리 세계에서 "'매는 날 수 있다'는 거짓이다"의 참값은?

아린 '거짓'이지. 그럼 이렇게 그릴 수 있어.

세계	매는 날 수 있다.	'매는 날 수 있다'는 거짓이다.
우리 세계	참	거짓
다른 세계		

시린 잘 채웠어. 나머지도 쉽게 채울 수 있지?

아린 그럼. 우리는 "매는 날 수 있다"가 거짓인 다른 세계를 생각할 수 있어. 그 세계에서 "매는 날 수 있다"의 참값은 '거짓'이야.

세계	매는 날 수 있다.	'매는 날 수 있다'는 거짓이다.
우리 세계	참	거짓
다른 세계	거짓	

시린 이제 남은 빈칸은 하나야.

아린 다른 세계에서 "매는 날 수 있다"는 거짓이니까 그 세계에서 "'매는 날 수 있다'는 거짓이다"의 참값은 '참'이야. 남은 빈칸은 이렇게 채울 수 있어.

세계	매는 날 수 있다.	'매는 날 수 있다'는 거짓이다.
우리 세계	참	거짓
다른 세계	거짓	참

시린 어렵지 않게 술술 채우네. 쉽지?

아린 물론. "는 거짓이다"를 붙여 새로 만들어진 문장은 참값이 거꾸로 바뀐다는 것도. 참은 거짓으로. 거짓은 참으로.

시린 그럼 "매는 날 수 있다"와 "'매는 날 수 있다'는 거짓이다"는 뜻이 같아 달라?

아린 당연히 다르지.

시린 아린은 이제 "는 거짓이다"의 뜻을 다 이해한 것 같다. 오늘 공부 끝. 오늘도 완벽했어!

아린 나 며칠 동안 많이 자란 것 같아. 나에게 쓰담쓰담.

혼자 천천히 읽기

"매는 날 수 있다"와 "'매는 날 수 있다'는 참이다"의 참값모눈을 그려 보겠습니다. 이와 같은 그림을 "참이다의 참값모눈"이라 합니다.

세계	매는 날 수 있다.	'매는 날 수 있다'는 참이다.
우리 세계	참	참
다른 세계	거짓	거짓

문장에 "는 참이다"를 붙여 새 문장을 만들 수 있습니다. "는 참이다"는 처음 문장의 참값을 바꾸지 않습니다. 이 때문에 문장에 "는 참이다"를 붙여도 문장의 뜻이 달라지지 않습니다.

하지만 "는 거짓이다"를 붙여 만든 문장은 그렇지 않습니다. 문장에 "는 거짓이다"를 붙여 새로 만든 문장은 참값이 바뀝니다. "매는 날 수 있다"와 "'매는 날 수 있다'는 거짓이다"의 참값모눈을 그려 보겠습니다. 이와 같은 그림을 "거짓이다의 참값모눈"이라 합니다.

세계	매는 날 수 있다.	'매는 날 수 있다'는 거짓이다.
우리 세계	참	거짓
다른 세계	거짓	참

참인 문장에 "는 거짓이다"를 붙이면 거짓인 문장이 만들어집니다. 거짓인 문장에 "는 거짓이다"를 붙이면 참인 문장이 만들어집니다. 당연히 "'매는 날 수 있다'는 거짓이다"는 "매는 날 수 있다"와 뜻이 다릅니다. 문장에 "는 거짓이다"를 붙여 새로 만든 문장은 처음 문장과 뜻이 달라집니다.

"'아린은 똑똑하다'는 거짓이다"를 다르게 쓸 수 있습니다. 흔히들 이 문장을 "아린이 똑똑한 것은 아니다"나 "아린은 똑똑하지 않다"로 달리 쓰고 더 짧게는 "아린은 안 똑똑하다"로 달리 씁니다. "는 거짓이다" 대신에 "않다"나 "는 아니다"를 쓰는 셈입니다. "않", "안", "아니"를 흔히 쓰지만 우리는 "는 거짓이다"를 주로 쓰겠습니다.

익힘 물음

가. 아래 참값모눈의 빈칸을 채우세요.

01.

세계	얼음은 물에 뜬다.	'얼음은 물에 뜬다'는 거짓이다.
우리 세계	참	
다른 세계	거짓	

02.

세계	매미는 날 수 없다.	'매미는 날 수 없다'는 거짓이다.
우리 세계	거짓	
다른 세계		

03.

세계	얼음은 뜨겁다.	'얼음은 뜨겁다'는 거짓이다.
다른 세계		
우리 세계		

나. 다음 두 문장이 서로 같은 뜻이면 "같"을 쓰세요. 둘의 뜻이 다르면 "다"를 쓰세요.

01. ㄱ. "여름은 덥다"는 참이다. ㄴ. "여름은 덥다"는 거짓이다.

02. ㄱ. "고래가 새끼를 낳는다"는 거짓이다. ㄴ. 고래는 새끼를 낳는다.

03. ㄱ. "닭은 난다"는 참이다. ㄴ. "'닭은 난다'는 참이다"는 거짓이다.

04. ㄱ. "이순신은 겁쟁이다"는 거짓이다. ㄴ. "'이순신은 겁쟁이다'는 거짓이다"는 참이다.

05. ㄴ. "'수빈은 목소리가 굵다'는 거짓이다"는 참이다. ㄴ. "수빈은 목소리가 굵다"는 거짓이다.

06. ㄱ. "'바나나는 노랗다'는 참이다"는 거짓이다. ㄴ. "바나나는 노랗다"는 거짓이다.

07. ㄱ. "'화성에 물이 있다'는 거짓이다"는 참이다. ㄴ. "'화성에 물이 있다'는 참이다"는 거짓이다.

08. 두 번 거짓이다

시린 지금까지 배운 참값모눈을 다시 그려 볼까?
아린 내가 그려 볼래. 무슨 문장으로 할까?
시린 우리 세계에서 참인지 거짓인지 모르는 문장으로 해볼까?
아린 그런 문장의 참값모눈도 그릴 수 있어?
시린 암튼 해보자. 네가 알쏭달쏭하게 생각하는 문장을 떠올려 봐.
아린 "아린은 착하다"로 할까?
시린 넌 착하잖아.
아린 잘 모르겠어. 어떤 때는 착하고 어떤 때는 안 착하고.
시린 네가 늘 착한지 가끔 착한지 모르는구나.
아린 응. 근데 궁금한 게 있어.
시린 뭔데?
아린 "아린은 착하다"가 우리 세계에서 참인지 거짓인지 모르는데 어떻게 참값모눈을 그려?
시린 그럼 이렇게 하는 게 어때? 우리는 두 가지 세계를 생각할 수 있어. 하나는 "아린은 착하다"가 참인 세계야. 다른 하나는 "아린은 착하다"가 거짓인 세계고.
아린 나도 알아. 근데 두 세계 가운데 어느 세계가 우리 세계인지 모르잖아.
시린 골머리 싸매지 않아도 돼. 한 세계를 "세계 가"라고 부르고 다른 세계를 "세계 나"라고 부르면 되니까.
아린 아무렇게나 번호를 붙이면 돼?
시린 응. 두 가지 세계를 다른 이름으로 부르기만 하면 돼.
아린 그렇게 해도 되는지 아직 잘 모르겠어.
시린 헷갈릴 일이 생기는지 일단 해보자.
아린 좋아. "아린은 착하다"가 참인 세계를 "세계 가"라고 부를게. "아린은 착하다"가 거짓인 세계를 "세계 나"라고 부르면 되겠네.

시린 맞아. 우리는 우리 세계가 세계 가인지 세계 나인지 모를 뿐이야.

아린 그럼 이렇게 그리면 되겠다.

세계	아린은 착하다.
세계 가	참
세계 나	거짓

시린 잘했어. 예전에는 두 가지 세계를 '우리 세계'와 '다른 세계'로 갈랐어. 이번에는 두 가지 세계를 '세계 가'와 '세계 나'로 갈랐을 뿐이야.

아린 우리 세계가 뭔지 모르니까 조금 답답한 것 같아.

시린 괜찮아. 그럼 이 그림 옆에 '참이다의 참값모눈'을 그려 볼게.

세계	아린은 착하다.	'아린은 착하다'는 참이다.
세계 가	참	
세계 나	거짓	

여기 빈칸에 참값을 채워봐.

아린 이것도 쉽지. "는 참이다"는 참값을 바꾸지 않으니까.

세계	아린은 착하다.	'아린은 착하다'는 참이다.
세계 가	참	참
세계 나	거짓	거짓

시린 훌륭해. 근데 모눈에 나오는 문장 "아린은 착하다"를 짧게 "ㄱ"이라고 쓰면 어떨까?

아린 왜 그래야 하지?

시린 모눈이 너무 길어질 것 같아서. 앞 참값모눈을 다시 그려 볼까?

아린 알았어. 이렇게 그리면 되지.

세계	ㄱ	ㄱ은 참이다.
세계 가	참	참
세계 나	거짓	거짓

이렇게 하니까 그림 그리기가 퍽 쉬워졌다.

시린　맞아. "시린은 똑똑하다"를 ㄴ으로 놓고 비슷한 참값모눈을 그릴 수 있어.

세계	ㄴ	ㄴ은 참이다.
세계 가	참	참
세계 나	거짓	거짓

아린　그렇구나. 앞으로 나도 그렇게 할게. 근데 ㄱ의 참값모눈을 그릴 때 '세계 가'와 ㄴ의 참값모눈을 그릴 때 '세계 가'는 같아?

시린　아니. 같을 때도 있고 다를 때도 있지. 다른 그림에 있는 세계 가와 세계 나는 신경 쓸 필요 없어. 생각할 수 있는 세계들에 그냥 아무렇게 이름을 붙인 것이니까.

아린　알았어. 괜히 겁먹었다.

시린　그럼 네가 그린 참값모눈 옆에 '거짓이다의 참값모눈'을 더 그릴게.

세계	ㄱ	ㄱ은 참이다.	ㄱ은 거짓이다.
세계 가	참	참	
세계 나	거짓	거짓	

여기 빈칸에 참값을 채워봐.

아린　아 이걸 하려고 문장을 짧게 나타내었구나. 이것도 어렵지 않은 것 같아. "는 거짓이다"는 참값을 바꾸니까.

세계	ㄱ	ㄱ은 참이다.	ㄱ은 거짓이다.
세계 가	참	참	거짓
세계 나	거짓	거짓	참

시린　지금까지 배운 걸 완전히 이해하고 있구나. 여기까지 복습이었어.

아린　참인지 거짓인지 모르는 문장도 쉽게 참값모눈을 그릴 수 있구나. 그럼 이제 새로운 걸 가르쳐 줘.

시린　"는 참이다"를 두 번 붙이면 참값이 바뀔까 안 바뀔까?

아린　"는 참이다"는 참값을 바꾸지 않아. 그러니까 두 번을 붙이든 세 번을 붙이든 참값은 달라지지 않아.

시린 맞아. 참값모눈을 그려보면 더 확실히 알 수 있지.

세계	ㄱ	ㄱ은 참이다.	'ㄱ은 참이다'는 참이다.
세계 가	참	참	참
세계 나	거짓	거짓	거짓

아린 이게 오늘 새로 배울 거야?

시린 아냐.

아린 빨리 이야기해줘. 오늘은 집에 가서 방 청소를 해야 해.

시린 알았어. "는 거짓이다"를 두 번 붙이면 참값이 바뀔까 안 바뀔까?

아린 이건 생각을 조금 해봐야 할 것 같아.

시린 참값모눈을 그려 보면 금방 알 거야.

세계	ㄱ	ㄱ은 거짓이다.	'ㄱ은 거짓이다'는 거짓이다.
세계 가	참		
세계 나	거짓		

여기 빈칸에 참값을 채워봐.

아린 오 금방 그릴 수 있을 것 같아. 거짓이다의 참값모눈은 아까 했잖아.

세계	ㄱ	ㄱ은 거짓이다.	'ㄱ은 거짓이다'는 거짓이다.
세계 가	참	거짓	
세계 나	거짓	참	

거짓이다가 두 번 붙으니까 헷갈린다.

시린 옆에 있는 "ㄱ은 거짓이다"의 참값을 보고 맨 오른쪽 빈칸을 채워봐

아린 그렇구나. "는 거짓이다"가 새로 붙은 것으로 보면 되겠다. 문장에 "는 거짓이다"를 붙이면 그 문장의 참값이 달라져. "는 거짓이다"는 거짓을 참으로 바꾸지. 그러니까 이렇게 그리면 되겠다.

세계	ㄱ	ㄱ은 거짓이다.	'ㄱ은 거짓이다'는 거짓이다.
세계 가	참	거짓	참
세계 나	거짓	참	

시린 잘했어. 남은 한 칸만 채우면 된다.

아린 "는 거짓이다"는 참을 거짓으로 바꾸어. 그러니까 이렇게 그리면 되겠다.

세계	ㄱ	ㄱ은 거짓이다.	'ㄱ은 거짓이다'는 거짓이다.
세계 가	참	거짓	참
세계 나	거짓	참	거짓

시린 박수! 잘했어.

아린 이제 뭘 해야 해?

시린 거의 다 했어. 문장에 "는 거짓이다"를 두 번 붙인 것을 "두 번 거짓이다"라고 해. 이게 오늘 배울 것이었어.

아린 얼마나 중요하길래 이름까지 붙이고 그래?

시린 이게 왜 중요한지는 나중에 가르쳐줄게.

아린 시린! 나 알아낸 게 있어.

시린 응? 뭔데?

아린 모눈을 잘 봐. "는 거짓이다"를 두 번 붙이니까 처음으로 돌아왔다는 사실! "'ㄱ은 거짓이다'는 거짓이다"의 참값은 ㄱ의 참값과 같아. 세계 가에서도 세계 나에서도.

시린 어 정말 그러네.

아린 내가 알아낸 거야. 그치? 시린도 몰랐던 거지?

시린 하하. 그렇게 기뻐?

아린 기쁘지. 내가 발견한 건데.

시린 ㄱ이 뭐였지?

아린 "아린은 착하다" 아니었나?

시린 맞아. 그럼 네가 발견한 사실은 결국 뭐지?

아린 "'아린은 착하다는 거짓이다'는 거짓이다"는 "아린은 착하다"와 뜻이 같다는 사실이야.

시린 왜 그렇게 생각해?

아린 생각할 수 있는 모든 세계에서 두 문장의 참값이 같으니까.

시린 우와! "뜻이 같다"는 말의 뜻도 잊지 않고 있네!

아린 누구 제자인데. 암튼 중요한 걸 나 스스로 발견했어. 앗

싸!
시린 내가 다 자랑스럽네.
아린 오늘 배울 거 다 배웠지?
시린 잠깐. "시린은 똑똑하다"와 "'시린은 똑똑하다'는 거짓이다"는 거짓이다"는 뜻이 같을까?
아린 그것도 같을 것 같은데. "시린은 똑똑하다"를 ㄴ으로 놓고 참값모눈을 만들면 이렇게 되지.

세계	ㄴ	ㄴ은 거짓이다.	'ㄴ은 거짓이다'는 거짓이다.
세계 가	참	거짓	참
세계 나	거짓	참	거짓

ㄴ의 참값과 "'ㄴ은 거짓이다'는 거짓이다"의 참값은 세계 가에서든 세계 나에서든 같아. 그러니까 ㄴ과 "'ㄴ은 거짓이다'는 거짓이다"는 뜻이 같아.
시린 틀린 게 하나도 없구나.
아린 그런데 ㄱ이든 ㄴ이든 무슨 문장이든 다 그렇게 말할 수 있는 것 같은데.
시린 맞아. '두 번 거짓이다'를 하면 처음 뜻으로 돌아와.
아린 오늘은 큰 배움을 얻은 것 같아.
시린 쑥쑥 자랐어.
아린 오늘은 청소하러 일찍 갈게. 안녕!
시린 앞을 조심해! 내일 봐.

혼자 천천히 읽기

문장에 "는 거짓이다"를 두 번 붙이는 것을 "두 번 거짓이다"라고 합니다. "아린은 착하다는 거짓이다는 거짓이다"는 두 번 거짓이다의 보기입니다. '거짓이다의 참값모눈'을 써서 '두 번 거짓이다의 참값모눈'을 만들 수 있습니다.

세계	ㄱ	ㄱ은 거짓이다.	'ㄱ은 거짓이다'는 거짓이다.
세계 가	참	거짓	참
세계 나	거짓	참	거짓

여기서 ㄱ은 "아린은 착하다"라는 문장입니다.

    세계 가에서 ㄱ의 참값은 '참'입니다. 이 세계에서 "'ㄱ은 거짓이다'는 거짓이다"의 참값도 '참'입니다. 세계 가에서 두 문장의 참값은 같습니다. 세계 나에서 ㄱ의 참값은 '거짓'입니다. 이 세계에서 "'ㄱ은 거짓이다'는 거짓이다"의 참값도 '거짓'입니다. 세계 나에서 두 문장의 참값은 같습니다. 세계 가에서도 세계 나에서도 두 문장의 참값은 같습니다. 생각할 수 있는 모든 세계에서 두 문장의 참값은 같습니다. 따라서 두 문장의 뜻은 같습니다. 다시 말해 "'ㄱ은 거짓이다'는 거짓이다"는 ㄱ과 뜻이 같습니다. "아린은 착하다는 거짓이다는 거짓이다"는 "아린은 착하다"와 뜻이 같습니다. "아린은 착하다는 거짓이다는 거짓이다"를 여러 가지로 짧게 말할 수 있습니다. "아린이 착하지 않은 것이 아니다." "아린은 안 착하지 않다."

    "두 번 거짓이다"는 문장의 뜻을 바꾸지 않습니다. "아린은 착하다" 말고 "시린은 똑똑하다"에 거짓이다를 두 번 붙여 보겠습니다. "시린은 똑똑하다"를 ㄴ이라 하겠습니다. 무슨 문장을 넣어도 비슷한 참값모눈이 나옵니다.

세계	ㄴ	ㄴ은 거짓이다.	'ㄴ은 거짓이다'는 거짓이다.
세계 가	참	거짓	참
세계 나	거짓	참	거짓

이처럼 "'ㄴ은 거짓이다'는 거짓이다"도 ㄴ과 뜻이 같습니다.

익힘 물음

가. 아래 참값모눈의 빈칸을 채우세요. "세계 가"와 "세계 나"는 지웠습니다.

01.
마음은 있다.	'마음은 있다'는 참이다는 거짓이다.
참	
거짓	

02.
마음은 있다.	'마음은 있다'는 거짓이다는 참이다.
참	
거짓	

03.
마음은 있다.	'마음은 있다'는 거짓이다는 거짓이다.
참	
거짓	

나. 다음 두 문장이 뜻이 같으면 "같"을 쓰세요. 뜻이 다르면 "다"를 쓰세요.

01. ㄱ. 목성이 별이 될 뻔했다는 참이다. ㄴ. 목성은 별이 될 뻔했다.
02. ㄱ. 달은 해보다 작다. ㄴ. 달이 해보다 작다는 거짓이다는 거짓이다.
03. ㄱ. 해는 별이다. ㄴ. 해가 별이다는 참이다는 참이다는 참이다.
04. ㄱ. 오늘 비가 온다는 참이다는 거짓이다. ㄴ. 오늘 날씨는 맑다.
05. ㄱ. 목성이 토성보다 작다는 거짓이다는 참이다. ㄴ. 토성이 목성보다 작다는 것은 참이다는 거짓이다.
06. ㄱ. 우리 세계에 1000억 개의 은하가 있다는 거짓이다는 거짓이다. ㄴ. 우리 세계에 은하가 하나밖에 없다는 거짓이다.
07. ㄱ. 아이유는 목소리가 어둡다는 거짓이다는 거짓이다는 거짓이다. ㄴ. 아이유는 목소리가 어둡다는 거짓이다.

09. 이고의 뜻

시린 아린.
아린 응!
시린 갑자기 물어봐서 미안한데 혹시 "이고"를 공부한 것 잊지 않았지?
아린 "이고?"
시린 응. 너무 오래전이라 기억 못 할 수도 있어.
아린 나는 개성초 학생이고 논리 공부도 잘한다.
시린 기억하는구나!
아린 그럼. 기억하지.
시린 "이고"는 무슨 일을 하는 낱말이야?
아린 "이고"는 문장과 문장을 이어 새로운 문장을 만드는 문장 이음씨야. 내가 다른 건 몰라도 "이고"는 완전히 꿰뚫고 있어.
시린 하하. 그래? 그럼 오늘 배울 내용도 너에겐 하나도 어렵지 않겠네.
아린 응? 오늘 또 "이고"를 배워? 내가 모르는 "이고"의 뜻이 더 있어?
시린 아린! 공부의 세계는 넓고도 깊어.
아린 내가 자만했나? 오늘 배울 내용은 뭔데?
시린 "이고"로 이어진 문장을 뭐라고 한다고 했지?
아린 이고문장?
시린 맞아. 오늘은 이고문장의 참값모눈을 그려볼 거야. 이고문장의 참값모눈은 "이고의 참값모눈"이라고도 해.
아린 이고의 참값모눈을 그린다고? 그걸 그리면 뭘 더 배울 수 있지?
시린 "이고"의 뜻이 조금 더 또렷해질 거야.
아린 난 이미 또렷한데. 암튼 그려 보자.

시린 먼저 두 문장을 생각해볼까?

아린 내가 만들어볼게. "샛별은 별이다"와 "참새는 새다"로 할게.

시린 멋진 문장이다. 이 두 문장으로 이고의 참값모눈을 그려볼까?

아린 어떤 그림이 될지 기대된다. 근데 어떻게 그려?

시린 "샛별은 별이다"의 참값은 뭐야?

아린 우리 세계에서 '거짓'이야.

시린 난 네가 '참'이라고 답할 줄 알았는데.

아린 어리다고 무시하지 마. 샛별은 아침에 동녘 하늘에 보이는 금성이잖아. 금성은 태양계의 둘째 행성이고.

시린 미안. 널 얕잡아 봤어. 그럼 "참새는 새다"의 참값은?

아린 그건 당연히 우리 세계에서 참이야.

시린 그럼 다른 세계를 생각해볼까?

아린 무슨 세계?

시린 "샛별은 별이다"의 참값이 '참'인 세계.

아린 "참새는 새다"의 참값이 '거짓'인 세계는 생각 안 해?

시린 그것도 생각해야지. 그럼 우리는 모두 몇 가지 세계를 생각할 수 있어?

아린 두 가지인가? 세 가지인가?

시린 두 문장이 모두 참인 세계를 생각할 수 있어?

아린 응. 있지. 두 문장이 모두 거짓인 세계도 생각할 수 있고.

시린 한 문장은 참이고 다른 문장은 거짓인 세계는?

아린 당연히 있어. "샛별은 별이다"는 참이고 "참새는 새다"는 거짓인 세계를 생각할 수 있지.

시린 "샛별은 별이다"는 거짓이고 "참새는 새다"는 참인 세계는?

아린 아 맞다. 그런 세계도 생각할 수 있구나.

시린 그럼 우리는 모두 몇 가지 세계를 생각할 수 있는 거야?

아린 내가 한 번 헤아려 볼게. 잠깐 기다려 봐.

"샛별은 별이다"와 "참새는 새다"가 모두 참인 세계 한 가지
"샛별은 별이다"는 참이고 "참새는 새다"는 거짓인 세계 한 가지
"샛별은 별이다"는 거짓이고 "참새는 새다"는 참인 세계 한 가지
"샛별은 별이다"와 "참새는 새다"가 모두 거짓인 세계 한 가지

이렇게 모두 네 가지네. 네 가지다!

시린 잘 따라왔어. 두 문장의 참값들을 따질 때는 네 가지 세계를 생각해볼 수 있는 거야. 두 문장이 모두 참인 세계 한 가지, 두 문장이 모두 거짓인 세계 한 가지, 한 문장은 참이고 다른 문장은 거짓인 세계 두 가지.

아린 세 문장의 참값들을 따질 때는?

시린 그것까지 알고 싶어? 다음에 이야기하면 안 될까?

아린 그래도 궁금한데.

시린 답은 8가지야. 집에 가서 혼자 곰곰이 생각해봐.

아린 이건 산수 문제 같아. 알 것 같기도 해.

시린 우린 두 문장의 참값을 따질 테니 4가지 세계만 생각하도록 하자.

아린 괜히 머리만 아팠네.

시린 네 가지 세계를 아래와 같이 가지런히 늘어놓을 수 있어.

세계	샛별은 별이다.	참새는 새다.
세계 가	참	참
세계 나	참	거짓
세계 다	거짓	참
세계 라	거짓	거짓

세계 가는 두 문장이 모두 참인 세계고, 세계 라는 두 문장이 모두 거짓인 세계야. 세계 나와 세계 다는 하나는 참이고 다른 하나는 거짓인 세계고.

아린 이렇게 그려놓고 나니까 깔끔하게 보인다.

시린 두 문장의 참값을 함께 따질 때는 이와 같은 차례로 세계들을 늘어놓도록.

아린 아무렇게 늘어놓아도 되지 않아?

시린 그래도 돼. 하지만 참값모눈을 그릴 때마다 다들 같은 차례로 늘어놓으면 서로 덜 헷갈릴 수 있어. 사람마다 쓰는 차례가 다르면 작은 걸로 다툴 수 있잖아.

아린 맞아. 시린이 세계를 늘어놓는 차례를 따를게.

시린 응. 다들 이런 차례로 늘어놓더라고.

아린 하지만 차례를 다르게 늘어놓아도 논리가 달라지는 건 아니지?

시린 당연하지. 그럼 네 가지 세계에서 우리 세계는 어디 같아?

아린 우리 세계는 "샛별은 별이다"가 거짓인 세계야. 또 "참새는 새다"가 참인 세계고. 어디 보자. 세계 다가 우리 세계네.

시린 잘 찾았어.

아린 우리 세계는 늘 세계 다에 있어야 해?

시린 아니지. 우리가 따지는 문장이 무엇이냐에 따라 달라지지.

아린 우리 세계를 늘 첫째에 두면 좋겠는데.

시린 그렇게 하면 세계들을 늘어놓는 차례가 뒤엉켜 보기 싫어.

아린 알았어. 낯익히는 데 시간이 좀 걸릴 것 같아.

시린 또 우리가 따질 문장이 참인지 거짓인지 모르는 문장일 수 있고.

아린 그렇네. 우리 세계가 어느 세계인지 굳이 몰라도 되니까.

시린 이해가 빠르네. 좋아. 그럼 앞에서 만든 네 가지 세계 옆에 이고문장을 덧붙여볼까? 이렇게.

세계	샛별은 별이다.	참새는 새다.	샛별은 별이고 참새는 새다.
세계 가	참	참	
세계 나	참	거짓	
세계 다	거짓	참	
세계 라	거짓	거짓	

아린 이제 내가 저 빈칸에 참값을 하나씩 넣으면 되는 거지?

시린 맞아. 세계 가부터 해볼까? 세계 가는 "샛별은 별이다"와 "참새는 새다"가 둘 다 참인 세계야.

아린 음. 그 세계에선 "샛별은 별이고 참새는 새다"의 참값도 '참'일 것 같아.

시린 그렇지. "아린이 똑똑하다"와 "아린이 착하다"가 둘 다 참인 세계를 생각해봐. 그러면 그 세계에서 "아린은 똑똑하고 아린은 착하다"도 참이겠지.

아린 그럼 세계 라에서 "샛별은 별이고 참새는 새다"의 참값도 알 수 있겠다. 그건 '거짓'이야. 세계 라에서는 "샛별은 별이다"가 거짓이고, "참새는 새다"도 거짓이니까. 그럼 이렇게 빈칸 두 개를 채울 수 있어.

세계	샛별은 별이다.	참새는 새다.	샛별은 별이고 참새는 새다.
세계 가	참	참	참
세계 나	참	거짓	
세계 다	거짓	참	
세계 라	거짓	거짓	거짓

시린 이제 두 개만 채우면 되겠네. 세계 다부터 할까? 세계 다는 우리 세계야.

아린 우리 세계에서 "샛별은 별이고 참새는 새다"는 거짓이잖아. "샛별은 별이다"가 거짓이니까.

시린 "샛별은 별이고 참새는 새다"에서 "샛별은 별이다"가 이고 앞말이었지?

아린 응. 오랜만에 듣는다. 이고 앞말.

시린 세계 다는 이고 앞말이 거짓이야. 이고 앞말이 거짓인 세계에서 이고문장의 참값은 '거짓'이야.

아린 이고 뒷말이 거짓인 세계에서 이고문장의 참값도 '거짓' 아님?

시린 그렇지!

아린 이고 앞말이든 이고 뒷말이든 거짓이 섞여 있으면 이고문장은 참이 될 수 없구나.

시린 오늘 배울 거 이미 다 알아버렸네. 그럼 빈칸을 모두 채워봐.

아린 세계 나에서 "샛별은 별이고 참새는 새다"의 참값은 거짓이야. 이고 뒷말이 거짓이니까. 세계 다에서 "샛별은 별이고 참새는 새다"의 참값은 거짓이야. 이고 앞말이 거짓이니까.

세계	샛별은 별이다.	참새는 새다.	샛별은 별이고 참새는 새다.
세계 가	참	참	참
세계 나	참	거짓	거짓
세계 다	거짓	참	거짓
세계 라	거짓	거짓	거짓

시린 우와! 잘 그렸어.

아린 이게 이고의 참값모눈이야?

시린 응. 한 이고문장의 참값모눈을 그린 셈이지. 근데 "샛별은 별이고 참새는 새다"가 참인 세계가 모두 몇 가지야?

아린 한 가지밖에 없어. 세계 가!

시린 세계 가는 어떤 세계야?

아린 이고 앞말이 참이고 이고 뒷말도 참인 세계! 이고 앞말과 이고 뒷말이 모두 참인 세계!

시린 맞아. 이고문장이 참이 되려면 이고 앞말과 이고 뒷말이 모두 참이어야 하네. 이고 앞말이든 이고 뒷말이든 거짓이 섞여 있으면 이고문장은 참이 될 수 없어.

아린 이고의 참값모눈이 이를 다 보여주는구나.

시린 맞아. 이고의 참값모눈은 "이고"의 뜻을 잘 보여줘. "이고"의 뜻이 뭐야?

아린 음. "이고 앞말과 이고 뒷말이 모두 참이다"가 아닐까?

시린 맞아. 누군가 "얼음은 뜨겁다"라고 말했어. 그는 "'얼음은 뜨겁다'는 참이다"고 말하는 것과 같지?

아린 그렇지. "얼음은 뜨겁다"와 "'얼음은 뜨겁다'는 참이다"는 뜻이 같으니까.

시린 그는 또 "구름은 파랗다"고 말했어. 그는 "'구름은 파랗다'는 참이다"고 말한 셈이지?
아린 당근. "구름은 파랗다"와 "'구름은 파랗다'는 참이다"는 뜻이 같아.
시린 그는 "얼음은 뜨겁고 구름은 파랗다"고 말했어. 그럼 그는 무엇을 말하려는 것이지?
아린 "이고"는 "이고 앞말과 이고 뒷말이 모두 참이다"를 뜻해. 그러니까 그는 "얼음을 뜨겁다"와 "구름은 파랗다"가 모두 참이라고 말하는 셈이야.
시린 틀린 게 하나도 없어. 똑똑함이 철철 넘친다.
아린 모두 시린 덕분이야.
시린 그럼 내가 어려운 퀴즈를 하나 낼까?
아린 도전!
시린 우리 세계에서 "아린은 개성에서 태어났고, 개성유치원을 졸업했고, 개성초등학교 학생이고, 엄마와 살고 있고, 물고기다"의 참값은?
아린 거짓이지! 내가 왜 물고기야?
시린 맞아. 아주 긴 이고문장의 참값도 알아맞힐 수 있구나! 다 이해했으니 다른 이고문장의 참값모눈을 그릴 수 있겠어?
아린 물론이지.
시린 그럼 "아린은 착하고 똑똑하다"의 참값모눈을 그려 볼까?
아린 앞에서 그린 "샛별은 별이고 참새는 새다"의 참값모눈과 다를 게 없지.
시린 "아린은 착하고 똑똑하다"에서 이고 앞말과 이고 뒷말을 잘 찾아야 해.
아린 이고 앞말은 "아린은 착하다"야. 이고 뒷말은 "아린은 똑똑하다"고.
시린 네가 이고 뒷말이 "똑똑하다"라고 말할 줄 알았는데.
아린 헐. 내가 "아린은"을 빼먹을 줄 알았다고? 오늘 두 번 날 얕잡아 봄.

시린 미안. 미안. "아린은 착하고 똑똑하다"의 참값모눈을 빨리 그려봐.

아린 이렇게 그리면 되겠지.

세계	아린은 착하다.	아린은 똑똑하다.	아린은 착하고 똑똑하다.
세계 가	참	참	참
세계 나	참	거짓	거짓
세계 다	거짓	참	거짓
세계 라	거짓	거짓	거짓

시린 왜 이렇게 잘해? 정확해. 우리 세계는 어떤 것 같아?

아린 우리 세계에서 "아린은 똑똑하다"가 참이지 않아? 히히. 근데 어제도 말했듯이 "아린은 착하다"가 참인지 거짓인지 모르겠어.

시린 난 "아린은 착하다"가 참인 것 같은데.

아린 시린은 날 아직 잘 몰라.

시린 암튼 우리 세계가 어디야?

아린 우리 세계가 세계 가인지 세계 다인지 모르겠어.

시린 우리 세계가 어디인지 몰라도 참값모눈을 그릴 수 있지? 내 말이 맞지?

아린 정말이네.

시린 "아린은 착하다"가 참이 되도록 살아. 세계 가가 우리 세계가 되도록.

아린 "아린은 착하고 시린은 아린에게 아이스크림을 사주었다"가 참인 세계에 살고 싶어.

시린 아이스크림 사달라는 이야기?

아린 헤헤.

시린 우리 세계에서 "시린은 아린에게 아이스크림을 사주었다"가 참인 세계가 되게 해줄게. 그럼 너는 우리 세계가 "아린은 착하다"가 참인 세계가 되도록 애써.

아린 좋아. 가자!

혼자 천천히 읽기

"가가는 착하다"와 "나나는 똑똑하다"를 "이고"로 이어 새로운 문장을 만들 수 있습니다. 새로 만든 문장은 "가가는 착하고 나나는 똑똑하다"입니다. "가가는 착하고 나나는 똑똑하다"에서 이고 앞말 "가가는 착하다"를 ㄱ으로 짧게 쓰겠습니다. "가가는 착하고 나나는 똑똑하다"에서 이고 뒷말 "나나는 똑똑하다"를 ㄴ으로 짧게 쓰겠습니다. 그러면 "가가는 착하고 나나는 똑똑하다"는 "ㄱ이고 ㄴ"으로 짧게 나타낼 수 있습니다. "ㄱ이고 ㄴ"의 참값을 따지려 합니다. 그럴 때 우리는 모두 네 가지 세계를 생각할 수 있습니다. ㄱ과 ㄴ이 모두 참인 세계, ㄱ은 참이고 ㄴ은 거짓인 세계, ㄱ은 거짓이고 ㄴ은 참인 세계, ㄱ과 ㄴ이 모두 거짓인 세계를 생각할 수 있습니다. 이들 네 세계의 이름을 "세계 가", "세계 나", "세계 다", "세계 라"라고 하겠습니다. 세계 가, 세계 나, 세계 다, 세계 라는 우리가 생각할 수 있는 세계들입니다.

　이 네 세계에서 ㄱ의 참값, ㄴ의 참값, "ㄱ이고 ㄴ"의 참값을 함께 쓰면 "ㄱ이고 ㄴ"의 참값모눈이 만들어집니다.

세계	ㄱ	ㄴ	ㄱ이고 ㄴ
세계 가	참	참	참
세계 나	참	거짓	거짓
세계 다	거짓	참	거짓
세계 라	거짓	거짓	거짓

이렇게 "ㄱ이고 ㄴ"의 참값은 ㄱ의 참값과 ㄴ의 참값에 따라 정해집니다. ㄱ이 참이고 ㄴ이 참인 세계에서 "ㄱ이고 ㄴ"은 참입니다. 하지만 ㄱ이 거짓인 세계에서 "ㄱ이고 ㄴ"은 거짓입니다. ㄴ이 거짓인 세계에서도 "ㄱ이고 ㄴ"은 거짓입니다. ㄱ이 거짓이든 ㄴ이 거짓이든 "ㄱ이고 ㄴ" 안에 거짓이 있다면 "ㄱ이고 ㄴ"은 거짓입니다. 이것이 "이고"의 뜻입니다. "ㄱ이고 ㄴ"은 "ㄱ과 ㄴ 둘 다 참이다"를 뜻합니다.

익힘 물음

가. 다음 모눈의 빈 칸을 채우세요.

01.
세계	눈은 희다.	소금은 짜다.	눈은 희고 소금은 짜다.
세계 가	참	참	
세계 나	참	거짓	
세계 다	거짓	참	
세계 라	거짓	거짓	

02.
세계	얼음은 뜨겁다.	김은 차갑다.	얼음은 뜨겁고 김은 차갑다.
세계 가			
세계 나			
세계 다			
세계 라			

나. "시린은 바르다"는 우리 세계에서 참입니다. "아린은 똑똑하다"도 우리 세계에서 참입니다. "코코는 착하다"는 우리 세계에서 거짓입니다. "토토는 즐겁다"는 우리 세계에서 거짓입니다. 아래 문장이 우리 세계에서 참일 때 "참"을 쓰세요. 우리 세계에서 거짓일 때 "거"를 쓰세요. 우리 세계에서 참인지 거짓인지 모를 때 "모"를 쓰세요.

01. 시린은 바르고 아린은 똑똑하다.
02. 아린은 똑똑하고 바르다.
03. 시린은 바르고 코코는 착하다.
04. 아린은 똑똑하고 토토는 즐겁다.
05. 시린은 바르지 않고 아린은 바르다.
06. 아린은 똑똑하지 않고 코코는 착하다.
07. 코코는 착하지 않고 토토는 즐겁지 않다.
08. 시린은 바르고 아린은 똑똑하고 코코는 착하지 않다.

10. 모순문장

시린   어제 우리 이고의 참값모눈을 배웠어.
아린   내가 이미 아는 것을 그림으로 간추려 놓은 것 같아.
시린   맞아. 네가 이미 아는 "이고"의 뜻을 그림으로 그렸을 뿐이야.
아린   내가 이미 알았다고?
시린   그렇지. 네가 나한테 논리를 배우기 전부터 넌 "이고"를 뜻에 맞게 썼어.
아린   내 안에 있는 것을 끄집어낸 셈이네.
시린   참이다의 참값모눈, 거짓이다의 참값모눈, 이고의 참값모눈은 이미 네 안에 있었어.
아린   그럼 오늘도 내 마음 안에서 내가 이미 아는 것을 끄집어내 봐.
시린   그럴 생각이야.
아린   기대된다.
시린   "아린은 착하고, '아린이 착하다'는 거짓이다"의 참값모눈을 그려볼까?
아린   문장이 길어 보인다. 그냥 "아린은 착하고, 아린은 착하지 않다"라고 하면 되지 않아? 아님 "아린은 착하고, 아린은 안 착하다"라고 해도 되고.
시린   그렇게 해도 돼.
아린   시린은 "않", "안", "아니"보다 "는 거짓이다"를 괜히 더 좋아해.
시린   들켰다. 하지만 문장을 짧게 쓰는 더 좋은 길이 있어.
아린   뭐야?
시린   "아린은 착하다"를 그냥 ㄱ이라고 쓰면 되지. 그럼 "'아린이 착하다'는 거짓이다"은 어떻게 줄어들지?
아린   그건 "ㄱ은 거짓이다"로 줄어들어.

시린 그럼 "아린은 착하고, '아린이 착하다'는 거짓이다"는 어떻게 줄어들지?

아린 그건 "ㄱ이고, ㄱ은 거짓이다"로 줄어들어. 많이 짧아졌네.

시린 잘했어. "ㄱ이고, ㄱ은 거짓이다"는 "'ㄱ이고 ㄱ'은 거짓이다"와 뜻이 달라. 알지?

아린 알아. 근데 쉼표가 없으면 헷갈리겠다.

시린 잘 봐둬. "ㄱ이고, ㄱ은 거짓이다"는 ㄱ과 "ㄱ은 거짓이다"가 "이고"로 이어진 문장이란 걸.

아린 하지만 내 눈엔 하찮은 문장인 듯.

시린 아냐. 특별한 문장이야. 이 문장에는 특별한 이름까지 있는 걸.

아린 이름이 있다고? 뭐야?

시린 "모순문장"이야. 내가 만든 말은 "어긋난 말"이야.

아린 ㄱ과 "ㄱ은 거짓이다"가 어긋나 있다고 그렇게 이름 지었구나.

시린 그래. 하지만 사람들은 "모순문장"이라는 이름을 더 많이 써.

아린 "모순"은 어디서 많이 들어본 것 같아.

시린 유명하지. 창과 방패 이야기. 이 이야기는 다른 데서 들어. 그 이야기는 오히려 널 헷갈리게 할 테니까.

아린 궁금하지만 참을게.

시린 모순문장의 보기를 너 스스로 만들 수 있겠어?

아린 "ㄱ이고, ㄱ은 거짓이다"와 비슷한 거?

시린 응. "아린은 착하고, '아린이 착하다'는 거짓이다"와 비슷한 거.

아린 시린은 똑똑하고, '시린은 똑똑하다'는 거짓이다.

시린 또 다른 보기를 들어봐.

아린 아이 귀찮아. 우주는 끝이 있고, 우주는 끝이 없다.

시린 이젠 모순문장이 뭔지 네가 잘 안다고 생각하고 그냥 넘어가도 되겠어.

아린 뭐가 특별한지 모르겠어. 계속 이야기해봐.

시린   그럼 내가 "ㄱ이고, ㄱ은 거짓이다"의 참값모눈을 그려볼게.

세계	ㄱ	ㄱ은 거짓이다.	ㄱ이고, ㄱ은 거짓이다.
세계 가	참		
세계 나	거짓		

여기서 ㄱ은 "아린은 착하다"야.

아린   생각할 수 있는 세계가 왜 둘밖에 없어?

시린   우리는 ㄱ의 참값만 따지면 되잖아. "ㄱ은 거짓이다"의 참값은 ㄱ의 참값에 따라 정해지니까.

아린   이해했어. 그럼 빈칸을 채우면 되는 거지? 쉬운 것부터 하자.

세계	ㄱ	ㄱ은 거짓이다.	ㄱ이고, ㄱ은 거짓이다.
세계 가	참	거짓	
세계 나	거짓	참	

"ㄱ은 거짓이다"의 참값은 ㄱ의 참값을 바꾸면 되니까. 히히.

시린   맨 오른쪽은 남겨두었네. 몰라서 그런 거야?

아린   생각을 좀 하려고. "이고"의 참값모눈을 어떻게 그렸는지.

시린   내 도움 없이 떠올려 봐.

아린   "이고"는 이고 앞말과 이고 뒷말 모두 참인 세계에서만 참이야. 그렇지 않은 세계에서는 모두 거짓이야.

시린   옳지!

아린   ㄱ과 "ㄱ은 거짓이다"이 둘 다 참인 세계는 없구나. 그럼 세계 가든 세계 나든 "ㄱ이고, ㄱ은 거짓이다"의 참값은 모두 '거짓'이야. 그럼 남은 빈칸은 이렇게 채우면 되겠다.

세계	ㄱ	ㄱ은 거짓이다.	ㄱ이고, ㄱ은 거짓이다.
세계 가	참	거짓	거짓
세계 나	거짓	참	거짓

시린   잘 그렸어. 특별한 게 보여?

아린   "ㄱ이고, ㄱ은 거짓이다"가 모든 세계에서 거짓이라는 거?

시린   맞아. 생각할 수 있는 모든 세계에서 "ㄱ이고, ㄱ은 거짓이다"의 참값은 '거짓'이야.

아린 생각할 수 있는 모든 세계에서 거짓이라고 "ㄱ이고, ㄱ은 거짓이다"가 특별하다는 거야?

시린 응. 생각할 수 있는 모든 세계에서 거짓인 문장을 "반드시 거짓말"이라고 해. 다른 말로는 "항위문장"이고.

아린 "항위문장"은 어려운 말 같아.

시린 "항상"할 때 "항"과 "허위"할 때 "위"로 만든 말이야.

아린 난 그냥 "반드시 거짓말"을 쓸게.

시린 나도 "항위문장"보다는 "반드시 거짓말"을 더 좋아해.

아린 오늘은 논리를 안 배우고 새로운 낱말만 배우는 느낌이야.

시린 맞아. 오늘 배운 두 낱말은?

아린 "모순문장"과 "반드시 거짓말"

시린 "모순문장"과 "반드시 거짓말"은 무슨 관계를 맺어?

아린 모순문장과 반드시 거짓말은 하찮은 문장이다?

시린 특별하다고 했는데 흑흑.

아린 농담이야. 모순문장은 반드시 거짓말이야.

시린 모든 모순문장은 반드시 거짓말이지?

아린 그런 것 같아. 무슨 모순문장이든 반드시 거짓말이야.

시린 그럼 반드시 거짓말은 모두 모순문장일까?

아린 반드시 거짓말은 모두 모순문장일 것 같은데.

시린 그건 아냐. 암튼 모순문장은 반드시 거짓말이야. 이것만은 잊지 말아줘.

아린 아이 머리 아파.

시린 "모순문장은 반드시 거짓말이다"는 매우 중요한 참말이야. "참"과 "거짓"과 "이고"에 관한 매우 중요한 참말.

아린 그게 얼마큼 중요한 참말인지는 내가 논리를 더 배우면 알 수 있어?

시린 응. 오늘도 네 마음이 조금 더 자라나길. 안녕. 내일 봐.

혼자 천천히 읽기

"이고"는 문장과 문장을 잇는 이음씨입니다. 우리는 아무 문장 ㄱ으로 새로운 문장 "ㄱ이고, ㄱ은 거짓이다"를 만들 수 있습니다. 이 문장을 "모순문장"이라 합니다. 보기를 들어 "시린은 똑똑하고, '시린은 똑똑하다'는 거짓이다"는 모순문장입니다. "아린은 착하고 아린은 착하지 않다"는 모순문장입니다. "우주는 끝이 있고 우주는 끝이 없다"는 모순문장입니다. "ㄱ이고, ㄱ은 거짓이다"의 참값모눈을 만들어 "ㄱ이고, ㄱ은 거짓이다"의 참값을 살펴보겠습니다.

세계	ㄱ	ㄱ은 거짓이다.	ㄱ이고, ㄱ은 거짓이다.
세계 가	참	거짓	거짓
세계 나	거짓	참	거짓

세계 가에서 "ㄱ이고, ㄱ은 거짓이다"의 참값은 '거짓'입니다. 세계 나에서 "ㄱ이고, ㄱ은 거짓이다"의 참값은 '거짓'입니다. 이처럼 생각할 수 있는 모든 세계에서 "ㄱ이고, ㄱ은 거짓이다"의 참값은 '거짓'입니다. 생각할 수 있는 모든 세계에서 참값이 거짓인 문장을 "반드시 거짓말"이라 합니다. 그러니까 모순문장은 반드시 거짓말입니다. 모순문장은 생각할 수 있는 모든 세계에서 거짓입니다.

　　　　반드시 거짓말을 다른 말로 "항위문장"이라 합니다. "항위"는 "항상"할 때 "항"과 "허위"할 때 "위"를 모아 만든 말입니다. "항위"는 '항상 허위' 그러니까 '언제나 거짓인'을 뜻합니다. 항위문장은 '언제나 거짓인 문장'을 뜻합니다. 이는 "반드시 거짓말"과 뜻이 같습니다. 많은 이들이 항위문장과 모순문장을 구별하지 않고 씁니다. 그들에게 모든 항위문장은 모순문장입니다. 하지만 우리에게 모순문장은 "ㄱ이고, ㄱ은 거짓이다" 꼴의 문장만을 가리킵니다. 모든 모순문장은 항위문장입니다. 하지만 우리에게 항위문장이 모두 모순문장이지는 않습니다. 조금 헷갈릴 수 있겠으니 오늘 배운 것만 또렷이 기억하면 좋겠습니다. 그것은 다음 두 가지 사실입니다. 첫째, 모순문장은 "ㄱ이고, ㄱ은 거짓이다" 꼴의 문장이다. 둘째, 모든 모순문장은 반드시 거짓말이다.

익힘 물음

가. 다음 참값모눈의 빈칸을 채우세요.

01.
세계	얼음은 차다.	얼음은 차지 않다.	얼음은 차고, 차지 않다.
세계 가			
세계 나			

02.
세계	눈은 검다.	눈은 검지 않다.	눈은 검고, 검지 않다.
세계 가			
세계 나			

나. 주어진 문장으로 모순문장을 만드세요.

01. 제인은 동물을 사랑한다.
02. 모모는 전쟁을 싫어한다.
03. 차차는 자연을 아낀다.

다. 다음 문장이 모순문장이면 "모"를 쓰세요. 모순문장이 아니면 "아"를 쓰세요.

01. 가가는 남자가 아니고 여자도 아니다.
02. 나나가 씩씩하거나 나나는 씩씩하지 않다.
03. 다다는 씩씩하고 '다다는 씩씩하다'는 거짓이다.
04. 라라는 대학생이면 '라라는 대학생이다'는 거짓이다.
05. 내 지갑은 빨갛고 내 지갑은 파랗다.
06. 내 필통은 나무만으로 만들었고 내 필통은 금속만으로 만들었다.
07. 이 연필은 가벼운 나무로 만들었지만 이 연필은 물에 가라앉는다.
08. 이순신 장군은 용맹하고 이순신 장군은 용맹하지 않다.
09. 류관순은 씩씩하고 아름답다.

11. 따라 나온다

시린 오늘은 "따라 나온다"의 뜻을 이야기할까 하는데 괜찮아?

아린 따라 나온다?

시린 응. 그다음에는 "전제들로부터 결론이 따라 나온다"는 말을 이해하려고. 이 말을 이해하려면 먼저 "따라 나온다"의 뜻을 또렷이 알아야 해.

아린 어렵지 않지?

시린 내 말을 잘 따라온다면 어렵지 않지.

아린 "따라온다"고? "따라 나온다"랑 "따라온다"가 비슷한 말이야?

시린 하하. 그런 셈이지. "따라 나온다"의 "따라"는 "따라서"에 나오는 "따라"와 비슷한 뜻이야. 이 모두 "따르다"에서 비롯된 낱말들일 거야.

아린 난 "따라서"라는 낱말이 좋아. 그럼 이야기 시작하자. 난 준비됐어.

시린 나는 말이 서툴러. 참값모눈으로 설명할게. 그게 아마 더 쉬울 거야.

아린 나도 이젠 참값모눈에 익숙해졌어.

시린 "눈은 희다"와 "눈은 차다"로 참값모눈을 만들게.

세계	눈은 희다.	눈은 차다.
세계 가	참	참
세계 나	참	거짓
세계 다	거짓	참
세계 라	거짓	거짓

우리는 네 가지 세계를 생각할 수 있어.

아린 이건 다 아는 그림이잖아.

시린 기다려 봐. 오른쪽에 새로운 세로줄을 만들 거야. 이렇게.

세계	눈은 희다.	눈은 차다.	ㄱ 눈은 희고 눈은 차다.	ㄴ 눈은 희다.
세계 가	참	참		
세계 나	참	거짓		
세계 다	거짓	참		
세계 라	거짓	거짓		

이제 빈칸에 참값은 채워야 해. 이 일은 네 몫이야.

아린 빈칸이 왜 이렇게 많아. ㄱ은 뭐고 또 ㄴ은 뭐야.

시린 "눈은 희고 눈은 차다"를 짧게 ㄱ이라고 부르려고. "눈은 희다"는 ㄴ이라 하고 말이야.

아린 그냥 문장의 이름이구나.

시린 응. 먼저 ㄱ의 참값을 헤아려 볼까? ㄱ은 무슨 문장이야?

아린 ㄱ은 이고문장이야. "눈은 희다"와 "눈은 차다"가 "이고"로 이어졌어.

시린 이고문장의 참값은 어떻게 헤아렸는지 기억나?

아린 그럼. 이고 앞말과 이고 뒷말 모두가 참이어야 이고문장도 참이지. 이고 앞말이든 이고 뒷말이든 거짓이 섞여 있으면 이고문장은 거짓이고.

시린 그럼 빈칸에 ㄱ의 참값을 잘 써넣을 수 있겠다.

아린 잘 봐, 내 실력을.

세계	눈은 희다.	눈은 차다.	ㄱ 눈은 희고 눈은 차다.	ㄴ 눈은 희다.
세계 가	참	참	참	
세계 나	참	거짓	거짓	
세계 다	거짓	참	거짓	
세계 라	거짓	거짓	거짓	

시린 틀린 게 전혀 없어. 잘했어! 그럼 ㄴ의 참값은?

아린 ㄴ이 뭐더라?

시린 "눈은 희다"를 짧게 쓴 거야. "눈은 희다"를 부르는 이름.

아린 ㄴ의 참값은 어떻게 따지지?

시린 참값모눈을 처음 만들 때 이미 써놓았는데. 저기 왼쪽 세로줄을 봐.

아린 아 저기 있네. 처음부터 우리가 '참' '참' '거짓' '거짓'이라 써놓았네. 근데 "눈은 희다"를 왜 오른쪽 끝 세로줄에 다시 썼어?

시린 그건 나중에 말해줄게. 우리는 ㄱ과 ㄴ을 견주어 보고 싶거든.

아린 알았어. 나머지 빈칸은 그냥 따질 것도 없이 왼쪽에 있는 "눈은 희다"의 참값 그대로 '참' '참' '거짓' '거짓'이라고 쓸게.

세계	눈은 희다.	눈은 차다.	ㄱ 눈은 희고 눈은 차다.	ㄴ 눈은 희다.
세계 가	참	참	참	참
세계 나	참	거짓	거짓	참
세계 다	거짓	참	거짓	거짓
세계 라	거짓	거짓	거짓	거짓

시린 드디어 완성! 박수!

아린 오늘 배움 여기서 끝이야?

시린 아냐. 아직 "따라 나온다"의 뜻을 배우지 않았잖아.

아린 그렇네. 빨리 말해줘.

시린 나는 "ㄱ으로부터 ㄴ이 따라 나온다"의 뜻을 이야기할 거야.

아린 그래서 ㄱ과 ㄴ의 참값모눈을 함께 그렸구나.

시린 맞아. 그럼 "ㄱ으로부터 ㄴ이 따라 나온다"의 뜻을 말해도 되겠어?

아린 되게 뜸 들인다. 답답해 죽겠어.

시린 어려우니까 마음의 준비를 하라고.

아린 안 어려우면 오늘도 아이스크림이다.

시린 녀석도. 좋아. "ㄱ으로부터 ㄴ이 따라 나온다"는 "ㄱ이 참이고 ㄴ이 거짓인 세계는 없다"를 뜻해.

아린 "ㄱ이 참이고 ㄴ이 거짓인 세계는 없다"고?

시린 생각할 수 있는 모든 세계를 살펴보아야 해. ㄱ의 참값이

	'참'인 세계들 가운데 ㄴ의 참값이 '거짓'인 세계가 있는지 없는지.
아린	그럼 내가 찾아볼게.
시린	먼저 ㄱ의 참값이 '참'인 세계를 찾아봐.
아린	찾아보고 있어. 기다려 봐. '세계 가'밖에 없는데. 원래 하나밖에 안 나오는 거야?
시린	아냐. 문장에 따라 여러 개일 수 있고 아예 없을 수도 있어.
아린	아예 없을 수도 있다고?
시린	기억 안 나? 반드시 거짓말은 생각할 수 있는 모든 세계에서 거짓이잖아?
아린	맞다. 암튼 ㄱ의 참값이 '참'인 세계는 세계 가 하나밖에 없어.
시린	그럼 이다음에는 뭘 해야 해?
아린	ㄴ의 참값이 '거짓'인 세계를 찾아야지.
시린	ㄱ의 참값이 '참'인 세계 가운데서만 찾으면 돼.
아린	그럼 세계 가만 살펴보면 되겠다.
시린	그렇지!
아린	세계 가에서 ㄴ의 참값은 '참'이야.
시린	그럼 ㄱ의 참값이 '참'인 세계들 가운데 ㄴ의 참값이 '거짓'인 세계가 있어? 없어?
아린	없어.
시린	그러니까 ㄱ이 참이고 ㄴ이 거짓인 세계는 없다는 거지?
아린	맞아.
시린	그러면 "ㄱ으로부터 ㄴ이 따라 나온다"고 말할 수 있는 거야.
아린	ㄱ이 참이고 ㄴ이 거짓인 세계가 있으면?
시린	"ㄱ으로부터 ㄴ이 따라 나오지 않는다"고 말해야지.
아린	그럼 따라 나오지 않는 보기를 들어줘.
시린	ㄴ으로부터 ㄱ은 따라 나오지 않아. 참값모눈을 새로 만

들어 볼게. 이렇게.

세계	눈은 희다.	눈은 차다.	ㄴ	ㄱ
			눈은 희다	눈은 희고 눈은 차다.
세계 가	참	참	참	참
세계 나	참	거짓	참	거짓
세계 다	거짓	참	거짓	거짓
세계 라	거짓	거짓	거짓	거짓

아까 참값모눈에서 ㄱ과 ㄴ의 자리를 바꾸었어.

아린 ㄴ의 참값과 ㄱ의 참값이 바뀐 건 아니지?

시린 응. ㄴ의 참값은 그대로 '참' '참' '거짓' '거짓'이야. "눈은 희다"의 참값을 써야 하니까. ㄱ의 참값은 그대로 '참' '거짓' '거짓' '거짓'이고. "눈은 희고 눈은 차다"의 참값은 '참' '거짓' '거짓' '거짓'이잖아.

아린 자리만 바꾸어 놓았구나.

시린 그래. 그럼 "ㄴ으로부터 ㄱ이 따라 나온다"가 맞는지 따져 보아야 하겠지?

아린 어떻게 하면 되지?

시린 "ㄴ으로부터 ㄱ이 따라 나온다"는 "ㄴ이 참이고 ㄱ이 거짓인 세계는 없다"를 뜻해.

아린 여러 번 들었는데 아직도 낯설어. "ㄴ이 참이고 ㄱ이 거짓인 세계는 없다"라.

시린 먼저 ㄴ이 참인 세계를 찾아볼까?

아린 세계 가와 세계 나야.

시린 그 두 세계에서 ㄱ이 거짓인 세계가 있어?

아린 있어. 세계 나에서 ㄱ의 참값은 '거짓'이야.

시린 그럼 ㄴ이 참이고 ㄱ이 거짓인 세계는 있어? 없어?

아린 있어.

시린 다시 말할게. "ㄴ으로부터 ㄱ이 따라 나온다"는 "ㄴ이 참이고 ㄱ이 거짓인 세계는 없다"를 뜻해. ㄴ으로부터 ㄱ이 따라 나와?

아린 ㄴ이 참이고 ㄱ이 거짓인 세계는 있어. 그러니까 ㄴ으로부터 ㄱ이 따라 나오지 않아.

시린 ㄱ으로부터 ㄴ은 따라 나오지만, ㄴ으로부터 ㄱ은 따라 나오지는 않아.

아린 그렇네. 이제 "따라 나온다"와 "따라 나오지 않는다"를 조금은 이해한 것 같아.

시린 그럼 이제 ㄱ을 전제로 삼고 ㄴ을 결론으로 삼는 추론을 만들게.

눈은 희고 눈은 차다.
따라서 눈은 희다.

이게 추론이라는 건 알겠어?

아린 "따라서"가 있으니까 추론이야.

시린 전제가 뭔지 결론이 뭔지도 알아보겠지?

아린 "따라서" 뒤에 나오는 문장이 결론이야. "눈은 희다"가 결론이네.

시린 전제는?

아린 나머지 문장이 전제지. "눈은 희고 눈은 차다"가 전제야.

시린 전제는 모두 몇 개야?

아린 하나밖에 없어.

시린 첫날에 배운 거 오늘 써먹었다.

아린 배운 보람이 있어.

시린 앞 추론을 잘 봐. 전제로부터 결론이 따라 나와.

아린 그렇지. 방금 우리는 "눈은 희고 눈은 차다"로부터 "눈은 희다"가 따라 나온다는 걸 배웠어. 참값모눈을 써서 말이야.

시린 전제로부터 결론이 따라 나오는 추론은 좋은 추론일 것 같아 나쁜 추론일 것 같아?

아린 왠지 좋은 추론일 것 같아. "따라서"에 맞는 추론이니까.

시린 정답이야. 전제로부터 결론이 따라 나오는 추론이니까 "따라서"라고 말하는 것이 떳떳하잖아.

아린 "따라서"를 붙이는 것이 떳떳하지 못한 추론도 있어?

시린 있지. 전제로부터 결론이 따라 나오지 않는 추론은 떳떳하지 못해. 전제로부터 결론이 따라 나오지도 않는데 "따라서"라고 하면 부끄러운 일이잖아.

아린 그렇겠네. 전제로부터 결론이 따라 나오지도 않는데 "따라서"라고 하면 속이는 느낌이 들 거야.

시린 전제로부터 결론이 따라 나오는 추론을 "마땅한 추론"이라 부를 거야. 다른 어른들은 "타당한 추론"이라 불러. 난 "마땅한 추론"이라 할 거야.

아린 나도 "마땅한 추론"이라는 말을 쓰도록 할게.

시린 그럼 전제로부터 결론이 따라 나오지 않는 추론은 뭐라고 하면 좋을까?

아린 "못마땅한 추론"이라 하면 되겠네.

시린 응. 낱말 만들기도 잘하는구나.

아린 그런 건 기본이지.

시린 마땅한 추론은 전제가 참이고 결론이 거짓인 세계가 없는 추론이야.

아린 어디서 들어본 이야기 같아.

시린 "전제로부터 결론이 따라 나온다"가 "전제가 참이고 결론이 거짓인 세계가 없다"를 뜻하니까.

아린 아 그렇다.

시린 그럼 못마땅한 추론은 전제가 참이고 결론이 거짓인 세계가 있는 추론이겠지?

아린 그렇겠네. "전제로부터 결론이 따라 나오지 않는다"가 "전제가 참이고 결론이 거짓인 세계가 있다"를 뜻하니까.

시린 네가 잘 이해했는지 물어볼까?

아린 응. 도전!

시린 다음 추론은 마땅할까 못마땅할까?

　　　눈은 희고 눈은 차다.
　　　따라서 눈은 희다.

아린 이 추론은 전제로부터 결론이 따라 나와. 그러니까 마땅한 추론이지.

시린 맞아. 그럼 다음 추론은 마땅할까 못마땅할까?

눈은 희다.
따라서 눈은 희고 눈은 차다.

아린 이 추론은 전제로부터 결론이 따라 나오지 않아. 아까 참값모눈으로 그렸어. "눈은 희다"가 참이고 "눈은 희고 눈은 차다"가 거짓인 세계가 있어. 그러니까 못마땅한 추론이지.

시린 아린 오늘 배운 건 지금까지 배운 것들 가운데 가장 어려운 이야기였어.

아린 그런 것 같아. "따라 나온다"의 뜻이 가장 어려웠어.

시린 난 입이 많이 아파. 쉬어야겠어.

아린 난 머리가 아파.

시린 "따라 나온다"의 뜻과 "마땅한 추론"의 뜻을 잊지 말아.

아린 잠들기 전에 둘을 다시 곰곰이 생각해 볼게.

시린 안녕.

혼자 천천히 읽기

"눈은 희고 눈은 차다"가 참이고 "눈은 희다"가 거짓인 세계는 없습니다. 여기서 "세계"는 현실 세계가 아니라 가능 세계입니다. 곧 생각할 수 있는 세계를 말합니다. "그런 세계는 없다"는 "그런 세계를 생각할 수 없다"를 뜻합니다. 그래서 "그런 세계는 없다"는 "그럴 수 없다"를 뜻합니다. 따라서 "'문장 ㄱ이 참이고 문장 ㄴ이 거짓인' 세계가 없다"는 말은 "'문장 ㄱ이 참이고 문장 ㄴ이 거짓일' 수 없다"를 뜻합니다. "문장 ㄱ이 참이고 문장 ㄴ이 거짓일 수 없다"를 다른 말로 "문장 ㄱ으로부터 문장 ㄴ이 따라 나온다"고 합니다. 문장 "눈은 희고 눈은 차다"로부터 문장 "눈은 희다"가 따라 나옵니다.

다음 세 주장은 모두 똑같은 주장입니다.

'문장 ㄱ이 참이고 문장 ㄴ이 거짓인' 세계는 없다.
'문장 ㄱ이 참이고 문장 ㄴ이 거짓일' 수 없다.
문장 ㄱ으로부터 문장 ㄴ이 따라 나온다.

"따라 나온다"는 "반드시 따라 나온다"의 준말입니다. 추론에는 전제들로부터 결론이 따라 나오는 추론이 있고 그렇지 않은 추론이 있습니다. 전제들로부터 결론이 따라 나오는 추론을 "마땅한 추론"이라 하고 그렇지 않은 추론을 "못마땅한 추론"이라 합니다. "마땅한 추론"을 "타당한 추론"이라 하고 "못마땅한 추론"을 "부당한 추론"이라고도 합니다. 다음 네 주장은 모두 똑같은 주장입니다.

이 추론은 마땅하다.
이 추론의 전제들로부터 이 추론의 결론이 따라 나온다.
'이 추론의 전제들이 참이고 이 추론의 결론이 거짓일' 수 없다.
'이 추론의 전제들이 참이고 이 추론의 결론이 거짓인' 세계는 없다.

우리는 앞으로 마땅한 추론을 만드는 방법을 배울 겁니다.

익힘 물음

가. 아래 참값모눈을 채우고 물음에 답하세요.

세계	눈은 희다.	눈은 차다.	ㄱ 눈은 차다	ㄴ 눈은 희고 눈은 차다.
세계 가	참	참		
세계 나	참	거짓		
세계 다	거짓	참		
세계 라	거짓	거짓		

01. ㄱ이 참이고 ㄴ이 거짓인 세계가 있는가? 있다면 어느 세계인가?
02. ㄱ이 참이고 ㄴ이 거짓일 수 있는가?
03. ㄱ으로부터 ㄴ이 따라 나오는가?
04. ㄱ을 전제로 삼고 ㄴ을 결론으로 삼는 추론을 만든다면 이 추론은 마땅한가 못마땅한가?

나. 아래 참값모눈을 채우고 물음에 답하세요.

세계	눈은 희다.	눈은 차다.	ㄷ 눈은 희고 눈은 차다.	ㄹ 눈은 차다.
세계 가	참	참		
세계 나	참	거짓		
세계 다	거짓	참		
세계 라	거짓	거짓		

01. ㄷ이 참이고 ㄹ이 거짓인 세계가 있는가? 있다면 어느 세계인가?
02. ㄷ이 참이고 ㄹ이 거짓일 수 있는가?
03. ㄷ으로부터 ㄹ이 따라 나오는가?
04. ㄷ을 전제로 삼고 ㄹ을 결론으로 삼는 추론은 마땅한가?

12. 거짓이다 없애기

시린   기분 좋은 소식을 하나 알려줄까?
아린   뭔데?
시린   아린. 드디어 너는 추론 규칙을 배울 준비가 되었어.
아린   엥? 추론 규칙이라고?
시린   바탕이 되는 낱말들을 거의 배운 것 같아. 바탕을 다진 셈이지.
아린   지금까지 나 공부 많이 했는데 이제 바탕을 다졌다는 거야? 허무해.
시린   나도 몇십 년 공부하고 있어. 바탕을 다지는 일은 공부에서 가장 중요한 일이야. 지금까지 따라온 것만으로도 정말 대단한 일이야. 다른 아이 같았으면 어제 "따라 나온다"를 배울 때 지쳐 포기했을 거야.
아린   그런 거야?
시린   응. 그리고 이제부터 조금 더 재미있는 것들을 배우게 될 거야.
아린   지금까지도 재미있었는데 더 재미있는 거라고?
시린   응. 놀이하듯 재미있을 거야.
아린   기대돼. 얼른 시작해.
시린   아린, 내게 궁금한 것 하나만 물어봐 줄래? 아무거나.
아린   궁금한 것? 음 아린은 똑똑해?
시린   이제 내가 답을 해볼게. 아린이 똑똑하다는 거짓이다는 거짓이다.
아린   그렇지? 난 똑똑하지?
시린   아린! 내 말을 이해했어?
아린   응. 내가 똑똑하다며.
시린   나는 네가 똑똑하다고 말하지 않았는데?
아린   나는 또렷이 그렇게 들었는데.

시린	나는 이렇게 말했어. "아린이 똑똑하다는 거짓이다는 거짓이다"고.
아린	그래. 그게 내가 똑똑하다는 말이잖아.
시린	나는 "는 거짓이다는 거짓이다"라고 문장을 끝냈는데.
아린	내가 틀렸나? 그럼 내가 똑똑하지 않다는 말이었어?
시린	하하. 아니야. 아린. 네가 정확하게 들었어. 넌 똑똑하다고 말한 게 맞아.
아린	그렇지?
시린	응. 그런데 너는 추론 규칙 하나를 이미 알고 있었던 거야.
아린	어떤 규칙?
시린	"아린이 똑똑하다는 거짓이다는 거짓이다"로부터 "아린은 똑똑하다"가 따라 나온다는 규칙.
아린	당연한 거 아냐? "아린이 똑똑하다는 거짓이다는 거짓이다"와 "아린은 똑똑하다"는 뜻이 같잖아. 우리가 이미 배웠어.
시린	맞아. 이미 배운 거 맞아.
아린	근데 왜 새로운 걸 가르친 듯이 말해?
시린	ㄱ과 ㄴ이 뜻이 같다면, ㄱ으로부터 ㄴ이 따라 나온다고 말할 수 있겠지?
아린	그럴 것 같아.
시린	그걸 말해주려고.
아린	시시해.
시린	미안해. 시시해도 중요한 거야.
아린	뭐든 중요하다고 말하는 버릇이 있어.
시린	하하. 그런가? 암튼 "아린이 똑똑하다는 거짓이다는 거짓이다"로부터 "아린은 똑똑하다"가 따라 나온다는 걸 참값모눈으로 살펴볼까?
아린	내가 해볼까?
시린	좋아. 근데 "아린은 똑똑하다"를 ㄱ이라 짧게 쓰는 게 좋겠다.

세계	ㄱ	전제	결론
		ㄱ은 거짓이다는 거짓이다.	ㄱ
세계 가	참	참	참
세계 나	거짓	거짓	거짓

아린 어째 그림이 이상하다. 참값이 같은 것들을 세 번이나 써 놓은 것 같아.

시린 전제와 결론의 참값들을 견주어 보려고 저렇게 그렸어.

아린 견주어 볼 것이 있나?

시린 전제로부터 결론이 따라 나오는지 그렇지 않은지 살펴 볼 거야.

아린 황당하군. 뭘 하려는지.

시린 "전제로부터 결론이 따라 나온다"는 무슨 뜻이지?

아린 아 어제 배운 것! "따라 나온다"의 뜻!

시린 그래. 그게 뭐지?

아린 "전제로부터 결론이 따라 나온다"는 "전제가 참이고 결론이 거짓인 세계는 없다"를 뜻해.

시린 우리 추론에서 전제는 뭐지?

아린 "ㄱ은 거짓이다는 거짓이다"야.

시린 결론은?

아린 ㄱ이지.

시린 전제로부터 결론이 따라 나오는지 따라 나오지 않는지 살펴보려면 뭘 보아야 해?

아린 전제가 참이고 결론이 거짓인 세계가 있는지 없는지 살펴보아야 해. "ㄱ은 거짓이다는 거짓이다"가 참이고 ㄱ이 거짓인 세계가 있는지 없는지 살펴보면 되겠다.

시린 맞았어! 살펴봐!

아린 그런 세계는 없어. "ㄱ은 거짓이다는 거짓이다"가 참인 세계에서선 ㄱ도 참이야. 둘은 뜻이 같으니까.

시린 그럼 "ㄱ은 거짓이다는 거짓이다"로부터 ㄱ이 따라 나온다고 말할 수 있겠지?

아린	있어. 하지만 하찮아.
시린	하찮다는 말은 옳은 말이야. 하찮지만 틀린 말이 아니면 된 거야.
아린	졌다. "ㄱ은 거짓이다는 거짓이다"으로부터 ㄱ이 따라 나온다는 사실을 기억할게.
시린	여기서 ㄱ은 "아린이 똑똑하다"였지? 결국 다음 추론은 마땅한 거야.

아린이 똑똑하다는 거짓이다는 거짓이다.
따라서 아린은 똑똑하다.

이 추론은 왜 마땅하지?

아린	전제로부터 결론이 따라 나오는 추론이니까.
시린	어제 배운 걸 잊지 않았구나, "마땅하다"의 뜻을.
아린	집에 가서 복습했어.
시린	기특해. 다음 추론은 마땅한 추론이야.

□는 거짓이다는 거짓이다.
따라서 □

여기서 □ 자리에 아무 문장을 넣으면 돼.

아린	아까 ㄱ이라 한 걸 이제는 □로 썼구나.
시린	맞아. "아린이 똑똑하다"를 ㄱ이라고 쓰기로 했으니까 ㄱ과 □는 다르지.
아린	같은 것 같기도 하고 다른 것 같기도 하고.
시린	아무튼 □ 자리에 아무 문장을 넣어도 이 추론은 마땅하다고.
아린	알았어. 이 추론이 마땅하다는 걸 오늘 열 번 말하는 것 같아.
시린	이 추론이 마땅하다는 것은 규칙이야.
아린	규칙? 이게 규칙이라고?
시린	응. 하지만 다른 규칙들도 많아.
아린	아까 말한 "추론 규칙"?

시린 응. 추론 규칙은 여럿이야.
아린 모두 몇 개야?
시린 만들면 끝도 없이 많아. 하지만 중요한 것이 있고 덜 중요한 것이 있어.
아린 중요한 것만 가르쳐 줘.
시린 알았어. 중요한 것들 가운데 쉬운 것만 가르칠게.
아린 어려운 건 언제 배워?
시린 네가 조금 더 자라면.
아린 아직 덜 자라 다행이야.
시린 추론 규칙이 여럿이니까 규칙마다 이름을 지어주면 좋겠지?
아린 그렇게 하면 편하겠다. 아까 배운 추론 규칙은 뭐라고 불러?
시린 거짓이다 없애기! "거짓이다"가 두 번 나오면 없앨 수 있어.
아린 "거짓이다"끼리 부딪혀 펑 하고 사라진다는 말이지?
시린 그래그래. 문장을 눈에 보이는 것처럼 받아들이고 있구나. 공부할 때는 그런 상상이 크게 도움이 돼.
아린 그래? 나는 종종 이런 상상을 하며 공부를 해.
시린 넌 내가 만난 아이들 가운데 가장 똑똑한 것 같아.
아린 내 친구들은 다 나만큼 똑똑해. 근데 왜 "거짓이다 없애기"야? "두 거짓이다 없애기"라고 해야 하지 않아?
시린 그냥 쉽게 "거짓이다 없애기"라 해도 되지 않을까?
아린 그럼 "거짓이다"가 한 번만 나올 때도 없애 버릴 것 같아.
시린 그럼 안 되지. 함부로 "거짓이다"를 없애면 안 돼.
아린 알아. 그러니까 이 규칙을 "두 거짓이다 없애기"라고 하자는 거지.
시린 그럼 이렇게 하자. "거짓이다 없애기"라는 규칙은 "두 거짓이다 없애기"라는 규칙이라고. 난 "거짓이다 없애기"

	라고 부르고 넌 "두 거짓이다 없애기"라 불러.
아린	아이 귀찮아. 시린은 고집이 있는 것 같아. 알았어. 내가 져줄게. 나도 "거짓이다 없애기"라고 불러 줄게. 하지만 "거짓이다"가 거듭해서 두 번 나오면 그 두 "거짓이다"를 없애도록 할게.
시린	고마워. "거짓이다"가 한 번만 나올 때는 그것을 함부로 없애지 말기.
아린	알았어. 잊지 않고 있을게.
시린	그럼 "거짓이다 없애기"를 써서 새로운 추론을 만들어 볼게.

'아린은 시린만큼 똑똑하다'는 거짓이다는 거짓이다.
따라서 아린은 시린만큼 똑똑하다.

아린	멋진 추론이야.
시린	그럼 나의 추론은 마땅해?
아린	거짓이다 없애기를 쓴 추론은 모두 마땅한 거 아님?
시린	그렇지. 거짓이다 없애기는 추론 규칙이라고 했으니까.
아린	추론 규칙을 쓴 추론은 무조건 마땅해?
시린	응. 마땅한 추론이 되는 규칙만을 추론 규칙으로 삼았으니까.
아린	거짓이다 없애기는 중요한 추론 규칙이야?
시린	응. 중요한 추론 규칙을 "으뜸 추론 규칙"이라 할게.
아린	거짓이다 없애기는 으뜸 추론 규칙이구나.
시린	응. 내일은 다른 으뜸 추론 규칙을 이야기하자.
아린	마음의 준비를 하고 올게. 내일 봐.
시린	안녕. 조심해서 들어가.
아린	오늘도 고마워.

혼자 천천히 읽기

추론할 때 자주 쓰는 마땅한 추론의 꼴을 "추론 규칙"이라 합니다. 추론 규칙을 따르는 추론은 언제나 마땅합니다. "으뜸 추론 규칙"은 추론 규칙들 가운데 다른 추론 규칙의 본이 되는 규칙을 말합니다. 오늘 배운 으뜸 추론 규칙은 "거짓이다 없애기"입니다. 거짓이다 없애기는 다음과 같은 꼴을 지녔습니다.

　　□는 거짓이다는 거짓이다.
　　따라서 □

여기서 □ 자리에 아무 평서문이 와도 좋습니다. 우리는 이 추론이 마땅하다는 것을 참값모눈으로 보일 수 있습니다.

세계	□	전제	결론
		□은 거짓이다는 거짓이다.	□
세계 가	참	참	참
세계 나	거짓	거짓	거짓

"전제로부터 결론이 따라 나온다"는 "전제가 참이고 결론이 거짓인 세계는 없다"를 뜻합니다. 참값모눈을 살펴보면 전제 "□는 거짓이다는 거짓이다"가 참이고 결론 □가 거짓인 세계는 없습니다. 따라서 이 추론의 전제로부터 이 추론의 결론이 따라 나옵니다. 전제로부터 결론이 따라 나오니 이 추론은 마땅합니다.

　　우리는 "는 거짓이다"를 문장에 두 번 거듭하여 붙이면 처음 문장의 뜻과 같아진다는 것을 이미 배웠습니다. 만일 ㄱ과 ㄴ이 뜻이 같다면, ㄱ으로부터 ㄴ이 따라 나오고 또한 ㄴ으로부터 ㄱ이 따라 나옵니다. 그러니까 거짓이다 없애기가 마땅한 추론의 규칙임을 우리는 이미 배운 셈입니다. 우리는 앞으로 으뜸 추론 규칙을 하나씩 배울 것입니다. 참고로 어떤 규칙은 참값모눈으로 마땅함을 보여줄 수 있지만 어떤 규칙은 그렇게 할 수 없습니다.

익힘 물음

가. '거짓이다 없애기' 규칙을 써서 마땅한 추론을 만들고자 합니다. "따라서" 다음에 올 결론을 쓰세요.

01. 지민은 방탄소년단 가수다는 거짓이다는 거짓이다. 따라서
02. 선분은 두 점을 곧게 이은 선이다는 거짓이다는 거짓이다. 따라서
03. 똑똑하고 착한 사람은 언젠가 행복한 삶을 산다는 거짓이다는 거짓이다. 따라서
04. '내일 비가 온다면 내일 나는 산책하지 않는다'는 거짓이다는 거짓이다. 따라서
05. '모스크바는 러시아의 서울이지만 뉴욕은 미국의 서울이 아니다'는 거짓이다는 거짓이다. 따라서

나. 다음 추론이 '거짓이다 없애기'를 바르게 쓴 추론이면 "바"를 쓰세요. 그렇지 않으면 "못"을 쓰세요.

01. 각의 두 변이 만나는 점은 꼭짓점이다는 거짓이다. 따라서 꼭짓점은 각의 두 변이 만나는 점이다.
02. 종이를 반듯이 두 번 접었을 때 직각이 생긴다는 거짓이다는 거짓이다. 따라서 종이를 반듯이 두 번 접었을 때 직각이 생기지 않는다.
03. 유리는 블랙핑크의 가수다는 거짓이다는 거짓이다는 거짓이다. 따라서 유리는 블랙핑크의 가수다는 거짓이다.
04. '우리 시에서는 주민 참여 예산제를 도입했고 주민 참여 위원회를 운영한다'는 거짓이다는 거짓이다. 따라서 우리 시에서는 주민 참여 예산제를 도입했고 주민 참여 위원회를 운영한다.
05. '세종 임금은 훈민정음을 만들었고 훈민정음은 한글이다'는 거짓이다는 거짓이다. 따라서 세종 임금은 한글을 만들었다.

13. 이고 없애기

시린 아린! 이제 6학년 2학기가 되지 않았어? 반이 새로 바뀌었지? 새로운 환경에 적응하기 힘들지 않아?

아린 내가 새로운 환경에 적응하는 데에 어려움을 겪는 사람으로 보여?

시린 음 아니. 아마 너희 반에서 네가 가장 적응을 잘할 것 같아.

아린 벌써 반 친구들과 한 번씩 대화를 나눠봤어. 새로운 친구를 사귀는 건 즐거운 일이야. 모두에게 다른 매력이 있어.

시린 너는 다른 사람에게서 숨은 매력을 찾아내는 재능이 있어.

아린 그런 것 같아. 사람들과 함께 있으면 즐거워. 그리고 내가 그들을 즐겁게 해줄 때가 더 즐거워.

시린 그래서 내가 너와 함께 있을 때 즐거운가 봐.

아린 나도 마찬가지야. 시린이 학교에서 가르칠 때는 어땠어?

시린 학생들은 젊고 밝아. 그들에게서 느껴지는 에너지가 좋아. 하지만 나는 그리 좋은 선생은 아닌 것 같아.

아린 왜 그렇게 생각해?

시린 글쎄. 내게는 혼자 조용히 공부할 시간이 더 필요한 것 같아. 가르치는 일보다는 연구하는 데 깊이 빠져들고 싶어.

아린 자. 그럼 연구에 몰두하고 싶은 시린을 오늘도 방해하도록 하겠습니다.

시린 그래. 마음껏 방해해. 그런데 아린 혹시….

아린 어제 배웠던 걸 기억하냐고 물어볼 거지? 어제는 "거짓이다 없애기"를 배웠지. 새로운 것이 전혀 담기지 않은 추론 규칙.

시린 하하. 많이 배우고 싶구나. 너에게 너무 쉬워서 늘 새로운 게 없다고 느끼는 것 아니야?

아린 그럴지도 모르겠다. 나는 논리가 매우 어렵다고 생각했거든.

시린 그렇지 않아. 너와 내가 이렇게 말을 주고받는 것도 네가 이미 논리의 기본을 알고 있기 때문이야. 내가 그 기본을 짚어줬기 때문에 네가 시시하다고 느끼는 거고.

아린 좋아. 그럼 오늘 배울 것은 어떤 거야?

시린 오늘도 새로운 것이 없다고 말할 것 같아. '이고 없애기'야. 이것도 으뜸 추론 규칙이야.

아린 설마 '이고 없애기'는 "이고"가 두 번 나오면 둘을 한꺼번에 없앨 수 있다는 규칙은 아니겠지?

시린 "이고 이고"라는 말은 없는 것 같은데.

아린 농담이야.

시린 하지만 '이고 없애기'도 사실 우리가 이미 배운 것으로부터 얻을 수 있는 규칙이야.

아린 그래서 새로운 것이 없다고 미리 말해 두는구나. 또 하찮은 규칙.

시린 중요할수록 하찮게 보이는 법이야.

아린 알았어. 투덜대지 않을게. '이고 없애기'를 쓴 추론의 보기를 보여줘.

시린 그럼 먼저 "따라서" 다음에 뭐가 오면 좋을지 생각해봐.

> 아린은 친구들과 잘 지내고 아린의 친구들은 모두 씩씩하다.
> 따라서

아린 결론 자리가 비어있네?

시린 응. 전제로부터 따라 나오는 결론을 찾아봐. 잘 모르겠으면 전제에서 말하는 것이 무엇인지 따져 보면 되겠지?

아린 음. 잠깐 기다려 봐. 시린이 준 전제는 '이고문장'이야.

시린 이고문장은 언제 참이지?

아린 이고 앞말과 이고 뒷말이 모두 참이어야 해.

시린 전제가 참이라면 우리는 무엇이 참이라고 말할 수 있겠어?

아린 전제의 이고 앞말이 참이라고 말할 수 있어. 또 전제의 이고 뒷말도 참이라고 말할 수 있고.

시린 그럼 결론으로 이고 앞말을 가져오면 안 될까?

아린 그럼 이렇게?

> 아린은 친구들과 잘 지내고 아린의 친구들은 모두 씩씩하다. 따라서 아린은 친구들과 잘 지낸다.

시린 그래. 그렇게 하면 "따라서"를 마땅하게 쓴 것이 아닐까?

아린 전제에서 말하고 있는 일부를 결론에 가져온 거네.

시린 맞아. 전제는 '이고문장'이었지? 결론은 어떻게 되었어?

아린 결론에는 "이고"가 없어졌어.

시린 전제에 있던 "이고"를 없애서 결론을 이끌어낸 셈이지. 그래서 "이고 없애기"라는 이름을 붙인 거야.

아린 전제의 이고 뒷말을 결론으로 가져오면 안 돼?

시린 왜 안 되겠어? 당연히 되지.

아린 그럼 이렇게 해도 되겠네.

> 아린은 친구들과 잘 지내고 아린의 친구들은 모두 씩씩하다. 따라서 아린의 친구들은 모두 씩씩하다.

시린 응. 이것도 '이고 없애기'를 쓴 추론이야.

아린 이고 없애기를 쓴 추론은 모두 마땅해?

시린 응. 전제가 참이고 결론이 거짓인 세계는 없어. 우리는 그런 세계를 생각할 수 없어.

아린 어째 이 이야기 어디서 들은 것 같아.

시린 이제 어렴풋이 기억나나 보다. 우리는 이런 참값모눈을 만든 적이 있어.

세계	눈은 희다.	눈은 차다.	전제 눈은 희고 눈은 차다	결론 눈은 희다.
세계 가	참	참	참	참
세계 나	참	거짓	거짓	참
세계 다	거짓	참	거짓	거짓
세계 라	거짓	거짓	거짓	거짓

아린 아 생각난다. "눈은 희고 눈은 차다"를 전제로 삼고 "눈은 희다"를 결론으로 삼는 추론.

시린 이 추론은 마땅하다고 했어. 왜 이 추론이 마땅하다고 말했지?

아린 전제가 참이고 결론이 거짓인 세계가 없으니까.

시린 맞아. '이고문장'이 전제로 올 때 이 전제를 "□이고 ○"라고 짧게 나타낼 수 있어. 결론은 □이라 할까? 그럼 이 추론은 이렇게 짧게 쓸 수 있어.

□이고 ○

따라서 □

우리는 □ 자리와 ○ 자리에 아무 평서문을 넣어도 좋아.

아린 네모와 동그라미가 귀엽다.

시린 이 추론이 마땅하다는 걸 참값모눈으로 다시 그려 볼게.

세계	□	○	전제 □이고 ○	결론 □
세계 가	참	참	참	참
세계 나	참	거짓	거짓	참
세계 다	거짓	참	거짓	거짓
세계 라	거짓	거짓	거짓	거짓

이렇게 그려 놓으면 이 추론이 마땅하다는 것이 잘 보이지?

아린 아까 그림과 거의 같아. "눈은 희다"와 "눈은 차다" 자리에 □와 ○가 온 것만 달라.

시린 맞아. 근데 다음 추론도 '이고 없애기'야.

□이고 ○

따라서 ○

이 추론이 마땅하다는 걸 너도 참값모눈을 그려 확인해 봐.

아린 이번에 내가 그려 볼게.

세계	□	○	전제 □이고 ○	결론 ○
세계 가	참	참	참	
세계 나	참	거짓	거짓	
세계 다	거짓	참	거짓	
세계 라	거짓	거짓	거짓	

○의 참값을 써야 할 텐데. 음.

시린 ○의 참값은 저기 네가 이미 써놓았네.

아린 아 그렇구나. 그대로 옮겨 적으면 되겠다. '참' '거짓' '참' '거짓'.

세계	□	○	전제 □이고 ○	결론 ○
세계 가	참	참	참	참
세계 나	참	거짓	거짓	거짓
세계 다	거짓	참	거짓	참
세계 라	거짓	거짓	거짓	거짓

시린 잘 그렸어. 이 추론도 마땅해?

아린 전제가 참이고 결론이 거짓인 세계가 없군. 이 추론도 마땅해.

시린 그럼 이고 없애기를 쓴 추론이 마땅하다는 걸 알겠어?

아린 응. 알겠어. 하지만 이것을 내가 이미 배웠다는 사실도 알아어.

시린 새로운 걸 배우지 못해 또 토라진 건 아니지?

아린 토라지진 않았지만 조금 삐친 것 같아.

시린 앞으로도 삐칠 일이 종종 있을텐데….

아린 내가 잘 이해했나 문제를 하나 내봐.

시린	전제를 하나 줄 테니 '이고 없애기'를 써서 결론을 이끌어 보렴.

아린은 "이고 없애기"를 할 줄 알며 "거짓이다 없애기"를 할 줄 안다.

따라서

아린	시린. 여기에는 "이고"가 없는데?
시린	나는 "이고"를 넣었는데.
아린	"이고"도 "고"도 없어. 시린 눈에는 보여?
시린	응. 내 눈에는 보여. 문장의 뜻을 잘 생각해봐.
아린	음.
시린	아직 모르겠어?
아린	설마 "이고"를 "며"로 바꾼 거야?
시린	눈치챘구나.
아린	"이고"와 "이며"는 뜻이 같은가?
시린	어떤 것 같아?
아린	왠지 같아 보여. 시린이 준 전제에서 "할 줄 알며"를 "할 줄 알고"로 바꿔도 뜻은 똑같을 것 같거든.
시린	그럼 '이고 없애기'를 할 수 있겠어?
아린	쉽지.

아린은 "이고 없애기"를 할 줄 알며 "거짓이다 없애기"를 할 줄 안다.

따라서 아린은 "이고 없애기"를 할 줄 안다.

짠. 어때?

시린	완벽해. 오늘의 공부는 여기서 끝!

혼자 천천히 읽기

오늘 배운 으뜸 추론 규칙은 '이고 없애기'입니다. 이고 없애기는 다음과 같은 꼴을 지녔습니다.

　　□이고 ○
　　따라서 □

다음 꼴의 추론도 이고 없애기입니다.

　　□이고 ○
　　따라서 ○

□ 자리와 ○ 자리에 아무 평서문을 넣어도 됩니다. 이고 없애기를 하려면 먼저 전제에 이고문장이 있어야 합니다. 그다음 이고 앞말을 결론으로 끄집어냅니다. 아니면 이고 뒷말을 결론을 끄집어내도 됩니다.

　　다음 추론은 이고 없애기를 쓴 추론의 보기입니다.

　　세종 임금은 훈민정음을 만들었고 훈민정음은 한글이다.
　　따라서 세종 임금은 훈민정음을 만들었다.

물론 결론으로 "세종 임금은 훈민정음을 만들었다" 대신에 "훈민정음은 한글이다"를 이끌어내어도 괜찮습니다. 참고로 "이고"와 비슷한 뜻을 가진 낱말로 "이며", "인데", "이면서"와 같은 낱말들이 있습니다. "이지만"도 "이고"와 비슷한 일을 한다고 봐도 됩니다. 우리는 이고 없애기를 쓴 추론이 언제나 마땅하다는 점을 참값모눈을 써서 밝혀 보일 수 있습니다. 우리가 이고 없애기가 마땅하다는 점을 보일 수 있는 까닭은 우리가 '이고의 참값모눈'을 이미 알기 때문입니다. 우리가 거짓이다 없애기가 마땅하다는 점을 보일 수 있는 까닭도 우리가 '거짓이다의 참값모눈'을 이미 알기 때문입니다.

익힘 물음

가. "이고 없애기" 규칙을 써서 마땅한 추론을 만들고자 합니다. "따라서" 다음에 올 결론을 쓰세요.

01. 경찰관은 우리 지역의 안전을 책임지고 질서를 유지합니다. 따라서
02. 도서관에서 우리는 책을 읽고 공부도 합니다. 따라서
03. 산에서 나무를 가꾸어 베거나 산나물을 캐는 일은 임업이며 산을 이용하여 생산활동을 하는 곳은 산지촌입니다. 따라서
04. 어촌에서는 물고기를 잡거나 기르는 일을 하고 김과 미역을 기르는 일을 합니다. 따라서
05. 정해지지 않은 장소에 불법으로 주차한 자동차들이 많아 사람들이 이동하는 데 불편하고 사람들이 교통사고를 당할 위험이 큽니다. 따라서

나. 다음 추론이 '이고 없애기'를 바르게 쓴 추론이면 "바"를 쓰세요. 그렇지 않으면 "못"을 쓰세요.

01. 도시에는 높은 건물이 많고 이동하는 사람도 많습니다. 따라서 도시에는 높은 건물이 많습니다.
02. 우리나라는 전체 인구 중 도시에 사는 인구가 매우 많은데 도시의 많은 인구는 여러 가지 문제를 발생시킵니다. 따라서 사람들은 도시 문제를 해결하고자 다양하게 노력합니다.
03. '찰스 다윈은 미생물학자이고 아인슈타인은 물리학자이다'는 거짓이다. 따라서 '찰스 다윈은 미생물학자이다'는 거짓이다.
04. 아린이 똑똑하고 착하다면 아린은 사람들에게 사랑받습니다. 따라서 아린이 똑똑하다면 아린은 사람들에게 사랑받습니다.
05. 3은 자연수고 0.5는 유리수고 파이는 무리수다. 따라서 3은 자연수고 0.5는 유리수다.

14. 이고 넣기

시린 아린 안녕! 왜 이렇게 빨리 왔어?
아린 기다리고 있었어! 요새 엄마가 너무 바쁘셔. 나는 어른과 이야기하는 걸 좋아하는데. 엄마는 내가 잘 때 나가시고 잘 때 들어오시니깐.
시린 어머니도 네가 자는 모습을 보며 너를 그리워하실 거야.
아린 응. 엄마의 마음은 나도 잘 알아. 오늘 같이 공부할 내용은 어때? 어렵진 않지?
시린 응. 어렵지 않아. 지금까지 배운 것 가운데 어려운 게 있었어?
아린 처음엔 어렵게 느껴졌어도 시린의 설명을 듣고 나서는 어려움이 거의 사라진 것 같아.
시린 오늘도 그랬으면 좋겠다. 아린! 이고문장을 기억해?
아린 그럼. 잠시만 기다려봐.
시린 응.
아린 나는 개성에 살고 엄마는 바쁘고 나는 심심하고 나는 지금 시린과 곧 공부를 시작하려 한다.
시린 이고문장을 잘 기억하고 있네. 도대체 몇 개의 문장을 이은 거야?
아린 음. 4개쯤 되나 봐.
시린 어제 배운 것 기억나?
아린 '이고 없애기'를 배웠어. 이고 없애기도 으뜸 추론 규칙이었어.
시린 맞아. 어쩜 그렇게 잘 기억해? 혹시 나와 공부한 내용을 나중에 복습해?
아린 응. 언제나는 아니지만. 엄마와 말씀 나눌 기회가 있으면 내가 엄마에게 시린과 공부한 내용을 말하곤 해. 그게 복습이 되는 것 같아.

시린 누군가를 가르치는 것이 최고의 공부야. 너는 공부하는 방법까지 알고 있구나.

아린 칭찬은 그 정도면 됐어. 배운 것 다시 배우고 또 배운 기분이야.

시린 큰일이다. 오늘도 그런 느낌을 받을 것 같아. 새로운 것이 없다고 삐칠 것 같아.

아린 오늘도 이고 뭐 어쩌고를 배우는 거야?

시린 맞아. 오늘 배울 으뜸 추론 규칙은 '이고 넣기'야.

아린 새로운 것이 조금이라도 있기를.

시린 '이고 넣기'를 쓴 추론의 보기를 보여줄게.

　엄마는 나를 사랑한다.
　나는 엄마를 사랑한다.
　따라서 엄마는 나를 사랑하고 나는 엄마를 사랑한다.

　여기서 전제와 결론을 찾을 수 있겠어?

아린 전제와 결론을 찾는 거 이제 안 하면 안 돼? 첫날 배운 거잖아.

시린 알았어. 그래도 말해봐.

아린 결론은 "따라서" 뒤에 나오는 "엄마는 나를 사랑하고 나는 엄마를 사랑한다"야.

시린 결론은 이고문장이네.

아린 맞네. 어제 배운 추론에서 전제가 이고문장이었는데.

시린 그럼 추론의 전제는?

아린 추론의 전제는 두 개야. 전제가 하나가 아닌 보기를 오랜만에 본다.

시린 그렇지? 조금은 새로운 보기지?

아린 하하. 그렇다고 해줄게. 앞 추론의 전제는 하나는 "엄마는 나를 사랑한다"이고 다른 하나는 "나는 엄마를 사랑한다"야.

시린 전제와 결론을 찾았으면 둘 사이의 관계를 살펴볼까?

아린 물어볼 것도 없어. 두 전제를 "이고"로 이어 결론을 만들

109

었어.

시린 맞아. 핵심이야.

아린 이 추론은 마땅해?

시린 으뜸 추론 규칙이니까 마땅하겠지. 참값모눈으로 따져볼까?

아린 내가 해볼게. 첫째 전제 "엄마는 나를 사랑한다"를 ㄱ으로 놓을게. 둘째 전제 "나는 엄마를 사랑한다"를 ㄴ으로 놓고.

세계	ㄱ	ㄴ	전제	결론 ㄱ이고 ㄴ
세계 가	참	참		
세계 나	참	거짓		
세계 다	거짓	참		
세계 라	거짓	거짓		

근데 전제가 두 개라서 어떻게 해야 할지 모르겠다.

시린 전제가 두 개니 이렇게 나눠야 하지 않겠어?

세계	ㄱ	ㄴ	전제들 ㄱ	전제들 ㄴ	결론 ㄱ이고 ㄴ
세계 가	참	참			
세계 나	참	거짓			
세계 다	거짓	참			
세계 라	거짓	거짓			

아린 아 쉽네. 그럼 내가 빈칸에 참값을 채울게.

세계	ㄱ	ㄴ	전제들 ㄱ	전제들 ㄴ	결론 ㄱ이고 ㄴ
세계 가	참	참	참	참	참
세계 나	참	거짓	참	거짓	거짓
세계 다	거짓	참	거짓	참	거짓
세계 라	거짓	거짓	거짓	거짓	거짓

ㄱ과 ㄴ의 참값이 왼쪽에 다 있어 쉬웠어. ㄱ은 '참' '참' '거짓' '거짓'이야. ㄴ은 '참' '거짓' '참' '거짓'이고. 이건 이

젠 눈을 감고도 할 수 있을 듯. 그다음 "ㄱ이고 ㄴ"의 참값은 '참' '거짓' '거짓' '거짓'이라는 걸 거듭해서 배워 이제 머리에 딱지처럼 박혀 있어.

시린 이제 우리 뭘 해야 하지?
아린 우리의 추론이 마땅한지 따지는 거 아니었어?
시린 맞아. "마땅하다"의 뜻을 잊지 않았지?
아린 추론의 전제로부터 결론이 따라 나올 때 "마땅하다"고 해.
시린 추론의 전제로부터 결론이 따라 나오는지 그렇지 않은지는 어떻게 확인해?
아린 전제가 참이고 결론이 거짓인 세계가 있는지 없는지 따져야 해.
시린 틀리는 일이 없구나. 근데 조심해야 할 것이 있어.
아린 뭐야?
시린 우리의 추론에서 전제가 여러 개잖아. 그러니까 이렇게 말해야 해. "전제들이 참이고 결론이 거짓인 세계가 있는지 없는지 따져야 해"라고.
아린 "전제들이 참이다"는 무슨 뜻일까?
시린 네 생각은 뭐 같아?
아린 참인 전제가 있다?
시린 아니. "전제들이 모두 참이다"를 뜻해.
아린 오늘 배우는 건 좀 어려운 것 같아.
시린 그럼 아까 참값모눈으로 다시 돌아가 보자.

세계	ㄱ	ㄴ	전제들		결론
			ㄱ	ㄴ	ㄱ이고 ㄴ
세계 가	참	참	참	참	참
세계 나	참	거짓	참	거짓	거짓
세계 다	거짓	참	거짓	참	거짓
세계 라	거짓	거짓	거짓	거짓	거짓

전제들이 모두 참인 세계가 어디야?

아린 '세계 가'밖에 없는데.

시린 잘 찾았어. 전제들이 참이고 결론이 거짓인 세계가 있어?

아린 세계 가에서 결론은 참이야. 그러니까 전제들이 참이고 결론이 거짓인 세계는 없어.

시린 그럼 전제들로부터 결론이 따라 나오는 거지?

아린 그렇지. 그러니까 이 추론은 마땅한 추론이야.

시린 '이 추론'이 무엇인지 다시 말해줄래?

아린 아까 시린이 말했던 추론이잖아.

> 엄마는 나를 사랑한다.
> 나는 엄마를 사랑한다.
> 따라서 엄마는 나를 사랑하고 나는 엄마를 사랑한다.

> 바로 이 추론이 마땅하다고.

시린 맞아. 이 추론에 담긴 규칙을 "이고 넣기"라고 해. 추론의 두 전제 사이에 "이고"를 넣어 추론의 결론을 만들었으니까.

아린 귀에 쏙 들어온다.

시린 그럼 이 추론은 어떨까?

> 엄마는 나를 사랑한다.
> 나는 엄마를 사랑한다.
> 따라서 나는 엄마를 사랑하고 엄마는 나를 사랑한다.

아린 이것도 '이고 넣기'야?

시린 응.

아린 근데 뭐가 달라졌지?

시린 결론이 조금 바뀌었어.

아린 그렇네. 하지만 이것도 마땅할 것 같은데.

시린 그럼 이번에 네 혼자 힘으로 참값모눈을 그려 볼래?

아린 좋아. 잘 봐!

세계	ㄱ	ㄴ	전제들		결론
			ㄱ	ㄴ	ㄴ이고 ㄱ
세계 가	참	참	참	참	
세계 나	참	거짓	참	거짓	
세계 다	거짓	참	거짓	참	
세계 라	거짓	거짓	거짓	거짓	

아 "ㄴ이고 ㄱ"의 참값을 어떻게 해야 할지 모르겠다. 미안.

시린 아린 힘내! 이고문장은 언제 참이지?

아린 이고 앞말과 이고 뒷말이 모두 참일 때 참이야. 앞말과 뒷말 가운데 거짓이 섞여 있으면 이고문장은 거짓이고.

시린 잘 알면서. 그럼 "ㄴ이고 ㄱ"이 어느 세계에서 참인지 헤아릴 수 있잖아.

아린 아 알겠어! ㄴ이 참이고 ㄱ이 참인 세계에서 "ㄴ이고 ㄱ"도 참이야. ㄴ이 거짓인 세계나 ㄱ이 거짓인 세계에서는 "ㄴ이고 ㄱ"은 거짓이야. 그럼 이렇게 그릴 수 있겠다.

세계	ㄱ	ㄴ	전제들		결론
			ㄱ	ㄴ	ㄴ이고 ㄱ
세계 가	참	참	참	참	참
세계 나	참	거짓	참	거짓	거짓
세계 다	거짓	참	거짓	참	거짓
세계 라	거짓	거짓	거짓	거짓	거짓

이렇게 해보니 "ㄱ이고 ㄴ"이랑 "ㄴ이고 ㄱ"은 모든 세계에서 참값이 같네. 둘이 뜻이 똑같아.

시린 그래. 이건 나중에 또 배울 거야. 아무튼 새로운 추론은 마땅해?

아린 응 마땅해. 전제들이 참이고 결론이 거짓인 세계는 없어. 그러니까 전제들로부터 결론이 따라 나와. 전제들로부터 결론이 따라 나오니까 이 추론은 마땅해.

시린 우리 아린이 다 컸다. 똑똑함이 철철 넘친다.

아린 다 시린 덕분이야.

시린 '이고 넣기'에서 두 전제를 □와 ○로 짧게 나타낼 수 있어. 결론은 이고문장이니 "□이고 ○"로 짧게 나타낼 수 있고. 그럼 이고 넣기는 이렇게 짧게 쓸 수 있어.

□
○
따라서 □이고 ○

아린 □ 자리와 ○ 자리에 아무 평서문을 넣어도 되지?

시린 응. 이 추론이 마땅하다는 걸 참값모눈으로 다시 그려 볼게. 아까 비슷한 그림을 이미 그렸지만.

세계	□	○	전제들		결론
			□	○	□이고 ○
세계 가	참	참	참	참	참
세계 나	참	거짓	참	거짓	거짓
세계 다	거짓	참	거짓	참	거짓
세계 라	거짓	거짓	거짓	거짓	거짓

이렇게 그려 놓으면 전제들이 참이고 결론이 거짓인 세계가 없다는 것이 잘 보이지? 그러니까 이 추론은 마땅해.

아린 응. 맞아. 아까 친구들이랑 뛰어놀았더니 피곤이 몰려온다.

시린 잠깐! 다음 추론도 이고 넣기야. 이 추론도 마땅하지.

□
○
따라서 ○이고 □

아린 결론 자리에 □과 ○이 뒤바뀌었어. 아까 배운 거야. 하품이 나네. 이제 집에 가서 쉬고 싶어.

시린 이건 참값모눈을 그리지 않아도 되겠어?

아린 안 그려도 됨! 눈에 선함!

시린 하하. 그럼 네가 잘 이해했나 문제를 하나 내볼게. 이거맞히면 집에 가도 좋아.

시린은 팔팔하다.

아린은 졸립다.

따라서

여기 "따라서" 다음에 올 만한 결론을 만들어 봐.

아린 이고 넣기를 연습하는구나. 쉬워.
시린 집에 빨리 보내주려고 쉬운 문제를 내었어.
아린 답은 "시린은 팔팔하고 아린은 졸립다"야.
시린 잘했어. 또 다른 답이 있어.
아린 쉽게 보내주지 않네.
시린 얼른 말하고 가.
아린 다른 답은 "아린은 졸립고 시린은 팔팔하다"야.
시린 잘했어. 오늘의 공부는 여기서 끝!
아린 안녕!
시린 엎어지지 말고. 잘 가.

혼자 천천히 읽기

오늘 배운 으뜸 추론 규칙은 '이고 넣기'입니다. 이고 넣기는 다음과 같은 꼴을 지녔습니다.

 □
 ○
 따라서 □이고 ○

다음 꼴의 추론도 이고 넣기입니다.

 □
 ○
 따라서 ○이고 □

□ 자리와 ○ 자리에 아무 평서문을 넣어도 됩니다. 이고 넣기를 하려면 두 전제가 있어야 합니다. 그다음 두 전제를 "이고"로 이어 이고문장을 만들고 이를 결론으로 삼습니다.

 다음 추론은 이고 넣기를 쓴 추론의 보기입니다.

 엄마는 나를 사랑한다.
 나는 엄마를 사랑한다.
 따라서 엄마는 나를 사랑하고 나는 엄마를 사랑한다.

물론 결론으로 "나는 엄마를 사랑하고 엄마는 나를 사랑한다"를 이끌어도 괜찮습니다. 우리는 이고의 참값모눈을 써서 이고 넣기를 쓴 추론이 언제나 마땅하다는 점을 밝혀 보일 수 있습니다. 참값모눈을 모를 때는 으뜸 추론 규칙이 마땅하다는 점을 밝혀 보일 수 없습니다. 그럴 때는 으뜸 추론 규칙을 처음부터 그냥 받아들여야 합니다.

익힘 물음

가. "이고 넣기" 규칙을 써서 마땅한 추론을 만들고자 합니다. "따라서" 다음에 올 결론을 쓰세요.

01. 아린은 개성유치원을 졸업했다. 아린은 개성초등학교에 다닌다. 따라서

02. 마이클 패러데이는 전기 분야에서 큰 업적을 남긴 영국의 과학자다. 그는 어린 시절에 가정 형편이 어려워 학교에 잘 다니지 못했다. 따라서

03. 모든 사람은 교육으로 더 똑똑해질 수 있다. 모든 사람은 교육으로 더 착해질 수 있다. 따라서

04. 체육은 몸을 튼튼하게 한다는 거짓이다는 거짓이다. 철학은 마음을 튼튼하게 한다는 거짓이다는 거짓이다. 따라서

나. 다음 추론에 어떤 으뜸 추론 규칙이 담겨있나요?

01. 아린은 씩씩하고 똑똑하고 착하다. 따라서 아린은 착하다.

02. 우리나라는 강과 산이 많고 아름답다는 것은 거짓이다는 거짓이다. 따라서 우리나라는 강과 산이 많고 아름답다.

03. 송강은 요즘 인기가 많은 남자 배우이고 한소희는 요즘 인기가 많은 여자 배우다. 따라서 한소희는 요즘 인기가 많은 여자 배우다.

04. 오리너구리가 새끼를 낳는다는 것은 거짓이다. 캥거루가 주머니에서 알을 부화한다는 것은 거짓이다. 따라서 캥거루가 주머니에서 알을 부화한다는 것은 거짓이고 오리너구리가 새끼를 낳는다는 것은 거짓이다.

05. 패러데이는 과학을 제대로 배운 적이 없었기에 같은 실험을 셀 수 없이 반복하며 공부했습니다. 그는 결국 자기장을 전기로 바꿀 수 있다는 것을 발견했습니다. 따라서 패러데이는 과학을 제대로 배운 적이 없었기에 같은 실험을 셀 수 없이 반복하며 공부했고 결국 자기장을 전기로 바꿀 수 있다는 것을 발견했습니다.

15. 왜냐하면

시린   "시린은 철학 박사고 아린을 가르친다"로부터 이고 없애 결론을 만들어볼래?
아린   "따라서 시린은 아린을 가르친다."
시린   딩동댕. 그럼 새로운 물음!
아린   만나자마자 물음이네.
시린   "시린은 아린을 가르친다"와 "아린은 시린보다 똑똑하다"로부터 이고 넣어 결론을 이끌면?
아린   시시하군. "따라서 시린은 아린을 가르치고 아린은 시린보다 똑똑하다."
시린   우리가 지금까지 배운 으뜸 추론 규칙에 또 뭐가 있지?
아린   거짓이다 없애기가 있어. 방금한 건 이고 없애기와 이고 넣기고.
시린   우리 참 많이 배웠다.
아린   오늘은 뭘 배워? 또 다른 으뜸 추론 규칙이야?
시린   아니. 그건 내일. 오늘 배울 건 꽤 흥미로워. "왜냐하면".
아린   왜 말을 하다 말아? 왜냐하면 어쨌다고요?
시린   "왜냐하면"이 오늘 배울 내용이야.
아린   아! 그렇구나. 히히. "왜냐하면"은 엄마나 선생님이랑 대화할 때 내가 자주 쓰는 말이야. 엄마랑 선생님이 말씀하시길 내가 말끝마다 토를 잘 단대. 토를 달 때는 "왜냐하면"이라고 시작하면 편하거든.
시린   아린은 "왜냐하면"의 뜻을 이미 알고 있겠구나.
아린   그럼. 나는 말을 배울 때부터 이미 그 뜻을 알고 있었던 것 같아. 엄마는 내가 어릴 적부터 "왜냐하면"을 잘 말해서 커서 변호사가 될 것 같다고 생각했대.
시린   하하. 어머니께서는 네가 변호사가 되길 바라시나 보다. "왜냐하면"을 잘 말하면 과학자가 되어도 좋아. 아 철학

아린	자도 "왜냐하면"을 많이 써. 그런가? 나는 아이돌이 되고 싶은데! 아이돌은 "왜냐하면"을 잘 안 써?
시린	하하. 아이돌도 아린에게 잘 어울리겠다. "왜냐하면"을 많이 쓰는 아이돌이 되면 되겠지.
아린	그렇지? 나중에 춤 연습해서 보여줄게.
시린	우리 수다 떨다가 시간 다 가겠다. "왜냐하면"을 공부해 보자.
아린	좋아.
시린	추론에서 전제와 결론이 나오는 차례가 어떻게 되지?
아린	전제들이 먼저 나오고 그다음에 "따라서"가 나오고 그 뒤에 곧장 결론이 나오지.
시린	보통 그런 차례로 추론이 이뤄지지. 하지만 차례가 꼭 그렇게 정해진 건 아니야.
아린	그럼 결론이 먼저 나오고 전제가 뒤에 나올 수도 있다는 거야?
시린	응. 내가 보기를 하나 보여줄게. 아래 추론 이름을 "추론가"라고 할게.

홈즈는 소설 속 인물이다.
홈즈는 천재 탐정이다.
따라서 홈즈는 소설 속 인물이고 천재 탐정이다.

아린	'이고 넣기'를 했네.
시린	맞아. 두 문장을 "이고"로 이어서 결론을 이끌었어. 그런데 이 추론에 나오는 문장의 순서를 바꿀 수 있어.
아린	어떻게?
시린	이 추론을 한 번 읽어봐.

홈즈는 소설 속 인물이다.
따라서 홈즈는 소설 속 인물이고 천재 탐정이다.
왜냐하면 홈즈는 천재 탐정이기 때문이다.

이 추론 이름을 "추론 나"라고 할게. 이 추론의 전제와 결론을 먼저 찾아볼까?

아린 결론이 무엇인지는 또렷이 찾을 수 있어. "따라서" 바로 뒤에 나오는 문장을 찾으면 되니까. 결론은 "홈즈는 소설 속 인물이고 천재 탐정이다"야.

시린 실마리를 잘 찾았어. 그럼 전제는?

아린 "따라서" 앞에 오는 "홈즈는 소설 속 인물이다"가 전제가 되겠네.

시린 전제는 하나밖에 없어?

아린 어디 보자. "왜냐하면" 바로 뒤에 나오는 문장은 전제일까 결론일까?

시린 결론일까?

아린 음 아니다. 결론은 아니다. 왜냐하면 추론의 결론은 하나밖에 없으니까.

시린 그래. 맞아. 그럼 "왜냐하면" 바로 뒤에 나오는 문장은 전제일까?

아린 결론도 아니고 전제도 아닐 수 있어?

시린 결론도 아니고 전제도 아닌 게 추론에 들어오면 이상하지 않아?

아린 맞지? 초대받지 않은 손님처럼 들어와 있는 건 이상하지?

시린 하지만 가끔 집에 초대받지 않은 손님이 들어오기도 해. 사람 아닌 강아지나 고양이도 집에 들어와 있지.

아린 난 지금 진지해.

시린 미안. "왜냐하면"의 뜻을 잘 생각해봐. 넌 언제 "왜냐하면"을 쓰지?

아린 내가 하는 말에 핑계를 댈 때.

시린 그래 맞아. 핑계를 댈 때 "왜냐하면"을 많이 써. 선생님이 수업할 때도 "왜냐하면"을 쓰지 않아?

아린 그렇네. 설명할 때나 까닭을 이야기할 때 "왜냐하면"을 쓰셔.

시린	그렇지. 결론 뒤에 "왜냐하면" 뭐 어쩌고 하면 무엇을 하고 싶은 것일까?
아린	왜 그런 결론을 내렸는지 핑계를 대는 거지.
시린	"핑계" 말고 좀 더 좋은 말을 쓰면?
아린	히히. 왜 그런 결론을 내렸는지 까닭을 말하는 거지.
시린	맞아. "왜냐하면"은 결론의 까닭을 이야기할 때 쓰는 말이야. 결론을 뒷받침하는 말을 하려 할 때 "왜냐하면"하고 그다음 말을 하면 되는 거야.
아린	그럼 "왜냐하면" 바로 뒤에 나오는 문장은 결론을 뒷받침하는 전제겠구나.
시린	딩동댕. 그래서 "왜냐하면"은 "지금 전제를 덧붙이려 해요"라고 미리 표시하는 낱말이야.
아린	"따라서"가 "지금 결론을 말하려고 해요"라고 미리 표시하는 낱말인 것처럼?
시린	맞아. "따라서"를 "결론 표시어"라고 해. "왜냐하면"을 "전제 표시어"라고 하고.
아린	어려운 낱말은 이제 그만.
시린	그래. 하지만 "표시어"는 "표시하는 낱말"을 뜻해. 곰곰이 생각하면 어렵지 않아.
아린	그래도 어렵다고. 다음에 다시 공부할게. 오늘은 머리 아픔.
시린	미안. 이제 '추론 나'의 전제를 모두 말할 수 있겠어?
아린	'추론 나'라고?
시린	아까 추론에 이름을 붙여 주었잖아.
아린	아 지금 우리가 이야기하는 추론의 이름이었지.
시린	그래. '추론 나'의 전제는 모두 몇 개지?
아린	두 개야. 하나는 "홈즈는 소설 속 인물이다"이고 다른 하나는 "홈즈는 천재 탐정이기 때문이다"야.
시린	둘째 전제는 그냥 "홈즈는 천재 탐정이다"라고 하면 돼.
아린	"때문이다"는 그냥 "왜냐하면"과 짝을 이루는 말이구나.

시린 맞아. "왜냐하면"과 "때문이다" 사이에 있는 말이 전제야.
아린 그건 "홈즈는 천재 탐정이기"인데.
시린 하하. 문장처럼 다듬어 말해줘.
아린 장난쳐 보았어.
시린 그럼 처음에 말한 '추론 가'의 전제와 결론이 뭐더라?
아린 '추론 가'는 한참 전에 이야기해서 잊었어.
시린 추론 가는 다음과 같은 추론이지.

> 홈즈는 소설 속 인물이다.
> 홈즈는 천재 탐정이다.
> 따라서 홈즈는 소설 속 인물이고 천재 탐정이다.

아린 이 추론의 전제와 결론은 쉽게 찾을 수 있지.
시린 맞아. 말하지 말고. 그냥 추론 가와 추론 나를 견주어 보라고.
아린 두 추론의 전제들은 똑같아. 두 추론의 결론도 똑같고.
시린 잘 보았어. 전제도 똑같고 결론도 똑같으니까 두 추론은 똑같은 추론이지?
아린 그렇게도 볼 수 있겠다.
시린 그냥 전제들을 이야기하는 차례만 바뀐 거야.
아린 그렇구나. 그럼 "왜냐하면"은 전제를 결론 뒤로 보낼 때 쓰는 낱말이네.
시린 그렇지. 전제가 어느 자리에 있든 추론은 달라지지 않아.
아린 괜히 겁먹었다. 간단한 이야기였어.
시린 맞아. 무슨 공부를 하든 겁먹지 마. 이제 다음 추론을 생각해 볼까?

> 홈즈는 천재 탐정이다.
> 따라서 홈즈는 소설 속 인물이고 천재 탐정이다.
> 왜냐하면 홈즈는 소설 속 인물이기 때문이다.
>
> 이 추론을 "추론 다"라 할게. 이 추론의 전제와 결론은 뭘까?

아린 이것도 추론 가와 똑같아. 전제들이 바뀌지 않았고 결론도 바뀌지 않았어. 그냥 자리만 바뀌었을 뿐이야.

시린 잘 보았어. "왜냐하면"을 이제는 잘 이해했는지 물어보려고 그랬어.

아린 이미 잘 이해했다고!

시린 그럼 마지막으로 다음 추론의 결론과 전제를 말해봐.

> 아린이 드라마 「뿌리 깊은 나무」를 보았다면 세종 임금이 쇠고기를 좋아한다는 것을 안다.
> 따라서 아린은 세종 임금이 쇠고기를 좋아한다는 것을 안다.
> 왜냐하면 아린은 드라마 「뿌리 깊은 나무」를 보았기 때문이다.

아린 이 추론은 좀 복잡하지만 뭔가 자연스러운 것 같아.

시린 그렇지? 이 추론이 마땅하기는 하지?

아린 어떤 추론 규칙을 쓴 건데?

시린 며칠 뒤에 배울 거야. 조금만 기다려.

아린 먼저 알려주면 안 돼?

시린 공부에는 다 차례가 있는 거야.

아린 궁금해. 알려줘. 알려줘.

시린 조금만 기다려. 먼저 내 물음에 답을 하라고.

아린 치! 위 추론의 결론은 "아린은 세종 임금이 쇠고기를 좋아한다는 것을 안다"야. 그리고 전제는 두 개지. 하나는 "아린이 드라마 「뿌리 깊은 나무」를 보았다면 세종 임금이 쇠고기를 좋아한다는 것을 안다"야. 다른 하나는 "아린은 드라마 「뿌리 깊은 나무」를 보았다"야.

시린 잘했어. 오늘은 여기까지만 공부하자.

아린 새로운 추론 규칙을 빨리 배우고 싶다.

시린 친구들과 좀 놀다가 다시 와. 안녕.

아린 그래. 안녕.

혼자 천천히 읽기

아린의 말처럼 우리는 일상에서 핑계를 댈 때 "왜냐하면"을 씁니다. 핑계는 잘못된 일을 다른 일의 탓으로 둘러대는 말입니다. 추론에서 전제는 결론의 핑계 비슷한 것입니다. 왜 우리가 그런 결론을 내렸는지 전제의 탓으로 둘러대는 것이 곧 추론입니다. "왜냐하면"은 결론을 이끌어내는 데 필요한 전제를 보탤 때 쓰는 낱말입니다. 이 때문에 추론에서 "왜냐하면"에 뒤이어 곧바로 나오는 문장은 전제입니다. "왜냐하면"은 전제임을 표시하는 낱말 곧 전제 표시어입니다. 한편 "따라서"는 결론임을 표시하는 낱말 곧 결론 표시어입니다. "왜냐하면"과 "따라서"는 주어진 문장이 추론의 한 부분이라는 것을 알려줍니다. 누군가가 "왜냐하면"이나 "따라서"를 쓴다면 그는 지금 추론을 하는 셈입니다. 이 때문에 "따라서"와 "왜냐하면"은 추론임을 표시하는 낱말 곧 추론 표시어이기도 합니다. 전제 표시어든 결론 표시어든 모두 추론 표시어입니다.

다음 세 추론은 전제와 결론을 쓰는 차례만 바뀌었을 뿐 모두 똑같은 추론입니다.

- 홈즈는 소설 속 인물이다. 홈즈는 천재 탐정이다. 따라서 홈즈는 소설 속 인물이고 천재 탐정이다.
- 홈즈는 소설 속 인물이다. 따라서 홈즈는 소설 속 인물이고 천재 탐정이다. 왜냐하면 홈즈는 천재 탐정이기 때문이다.
- 홈즈는 천재 탐정이다. 따라서 홈즈는 소설 속 인물이고 천재 탐정이다. 왜냐하면 홈즈는 소설 속 인물이기 때문이다.

이 셋은 똑같은 추론을 각기 다른 모습으로 나타낸 것에 지나지 않습니다. 한 추론에서 다른 추론으로 바꾸는 일은 어렵지 않습니다. 한 전제를 결론 뒤로 보내고 싶다면 "왜냐하면"과 "때문이다" 사이에 그 전제를 넣은 뒤 결론 뒤에 쓰면 됩니다.

익힘 물음

가. "왜냐하면"을 써서 다음 추론을 겉모습이 다른 추론으로 만드세요.

01. 소방관은 화재를 예방합니다. 소방관은 응급 환자를 구조합니다. 따라서 소방관은 화재를 예방하고 응급 환자를 구조합니다.

02. 아린은 씩씩하고 착하다. 시린은 튼튼하다는 거짓이다. 따라서 시린은 튼튼하다는 거짓이고 아린은 씩씩하고 착하다.

03. 내가 의심한다면 나는 있다. 내가 꿈꾼다면 나는 있다. 따라서 내가 의심한다면 나는 있고, 내가 꿈꾼다면 나는 있다.

나. 다음 추론을 마땅한 추론으로 만들고자 합니다. "왜냐하면" 다음에 와야 할 전제를 쓰세요.

01. 도서관에서 우리는 책을 읽습니다. 따라서 도서관에서 우리는 책을 읽고 공부도 합니다. 왜냐하면

02. 도시에는 물건이나 음식을 파는 사람들이 있습니다. 따라서 도시에는 회사나 공장에 다니는 사람들이 있고 물건이나 음식을 파는 사람들이 있습니다. 왜냐하면

03. 물이 100도씨에서만 끊는다는 것은 거짓이다. 따라서 물이 0도씨 아래에서도 얼지 않을 수 있다는 것은 거짓이다는 거짓이고 물이 100도씨에서만 끊는다는 것은 거짓이다. 왜냐하면

04. 공공장소에서는 큰 소리로 떠들지 않아야 합니다. 따라서 공공장소에서는 큰 소리로 떠들지 않아야 하고 함부로 물건을 만지지 않아야 하며 서로 배려하면서 안전하게 이동해야 합니다. 왜냐하면

05. 늘 혼자 지내는 사람은 자기 자신을 돌아보지 못할 수 있다. 따라서 늘 혼자 지내는 사람은 자기 자신을 돌아보지 못할 수 있는데 우리가 더 나은 사람이 되려면 다른 사람과 어울려야 한다. 왜냐하면

16. 이거나 넣기

시린   오늘은 새로운 추론 규칙을 배울 거야.
아린   좋아. 준비됐어.
시린   그럼 참인 문장 하나를 만들어 줘.
아린   음. 뭘로 할까. 아린은 똑똑하다.
시린   좋아. 우리는 "아린은 똑똑하다"가 참이라고 생각하자.
아린   "생각하자"고? "생각하자"고 하니 "거짓인데 참이라고 여기자"는 말로 들려. 그냥 참인데.
시린   알았어. 나도 그렇게 생각해. 내가 자주 말했지. 넌 똑똑하다고.
아린   그래. 아무튼 이제부터 우리는 "아린은 똑똑하다"가 참이라고 생각하자.
시린   그럼 다음 문장은 참인 것 같아 거짓인 것 같아?

      아린은 똑똑하거나 아린은 안 똑똑하다.

아린   "아린은 똑똑하거나 아린은 안 똑똑하다"는 하나 마나 한 말이야. 어떻게 되든 참 아냐? "내일 비가 오거나 내일 비가 오지 않는다"가 어떻게 되든 참이듯이.
시린   그렇지. 그럼 이렇게 추론하는 거 어떻게 생각해?

      아린은 똑똑하다.
      따라서 아린은 똑똑하거나 아린은 안 똑똑하다.

아린   음 이상한 말 같아. 전제에서 "아린은 똑똑하다"고 해놓고 결론에서 "아린은 똑똑하거나 아린은 안 똑똑하다"처럼 하나 마나 한 말을 하니까.
시린   그렇긴 하지. 하지만 전제로부터 결론이 따라 나오냐 나오지 않냐만 따지면 되지 않을까?
아린   음 이상한 추론이기는 하지만 마땅한지 못마땅한지만 따지면 된다는 거지?

시린   그래. 전제가 참이고 결론이 거짓일 수 있어?

아린   결론이 거짓일 수 없어. 그러니까 전체가 참이고 결론이 거짓인 세계는 없지. 그런 세계는 생각할 수 없어. 따라서 이상하기는 하지만 저 추론은 마땅한 추론인 건 맞네.

시린   좋아. 아무 문장 □로부터 이렇게 추론하는 건 마땅하겠지?

□

따라서 □이거나, □는 거짓이다.

아린   기분에는 영 못마땅하지만 마땅한 추론이기는 해.

시린   그럼 이건?

□

따라서 □는 거짓이거나 □

아린   이것도 똑같아. 오늘 공부는 좀 재미없다.

시린   조금만 참아 봐. 그럼 이 문장은 참인 것 같아 거짓인 것 같아?

아린은 똑똑하거나 아린은 똑똑하다.

아린   또 이상한 말이군. 똑같은 말을 하는 것 같은데. 누가 이런 말을 한다고.

시린   그래도 이 말이 참 같아 거짓 같아?

아린   "아린은 똑똑하거나 아린은 똑똑하다"는 참인 것 같아. 아무튼 난 똑똑하니까.

시린   그렇지. 그럼 이렇게 추론하는 거 어떻게 생각해?

아린은 똑똑하다.

따라서 아린은 똑똑하거나 아린은 똑똑하다.

아린   오늘 말장난이 정말 심하다.

시린   어려운 걸 배워야 하니까 차근차근 이야기하려는 거야.

아린   알았어. 뭘 묻고 싶은데?

시린　전제로부터 결론이 따라 나와?

아린　"아린은 똑똑하다"가 참인 세계에서 "아린은 똑똑하거나 아린은 똑똑하다"도 참이야. 그러니까 전제가 참이고 결론이 거짓인 세계는 없어. 그런 세계는 생각할 수 없어.

시린　그럼 저 추론은 마땅한 추론인 건 맞겠네. 좋아. 그럼 아무 문장 □로부터 이렇게 추론하는 건 마땅하겠지?

□

따라서 □이거나 □

아린　그래. 마땅한 추론이기는 해. 누가 그렇게 추론하겠냐마는.

시린　잘 참아줘 고마워. 이제 진짜 물음이야. 이 문장은 참일 것 같아 거짓일 것 같아?

아린은 똑똑하거나 아린은 어리석다.

아린　아린은 어리석지 않으니까 당연히 "아린은 똑똑하거나 아린은 어리석다"는 거짓이지.

시린　"아린은 어리석다"가 거짓이니까 "아린은 똑똑하거나 아린은 어리석다"도 거짓이라는 말이야?

아린　그런 것 같은데.

시린　"내일 비가 온다"가 거짓이라고 "내일 비가 오거나 내일 비가 오지 않는다"도 거짓이 되지는 않잖아?

아린　맞아.

시린　또 "내일 비가 오지 않는다"가 거짓이라고 "내일 비가 오거나 내일 비가 오지 않는다"도 거짓이라고 말할 수 없어.

아린　미안. 내가 틀렸네.

시린　괜찮아. 네가 틀렸다는 걸 아는 것도 매우 중요하지.

아린　"아린은 어리석다"가 거짓이라고 "아린은 똑똑하거나 아린은 어리석다"도 거짓이라고 말할 수 없구나. 그럼

	"아린은 똑똑하거나 아린은 어리석다"는 참이야?
시린	가만 보자. 넌 "내일 비가 오거나 내일 비가 오지 않는다"가 왜 참이라고 생각해?
아린	"내일 비가 온다"든 "내일 비가 오지 않는다"든 하나는 참일 테니까.
시린	"아린은 똑똑하다"든 "아린은 어리석다"든 하나가 참이면 "아린은 똑똑하거나 아린은 어리석다"는 참이지 않을까?
아린	그런 것도 같아. 그럼 "아린은 똑똑하거나 아린은 어리석다"는 참이네. "아린은 똑똑하다"가 참이니까.
시린	그래. 그럼 이렇게 추론해도 되겠지?

아린은 똑똑하다.
따라서 아린은 똑똑하거나 아린은 어리석다.

아린	전제가 참이고 결론이 거짓인 세계는 없을 것 같아. 그러니까 이 추론은 마땅한 것 같아. 이제 뭔가 조금 배운 것 같네.
시린	다행이네. 이번엔 이런 추론을 생각해 볼까?

아린은 똑똑하다.
따라서 아린은 어리석거나 아린은 똑똑하다.

아린	결론이 조금 달라진 것 같은데.
시린	어떻게 달라졌어?
아린	이거나 앞말과 뒷말이 자리를 바꾸었어.
시린	이 추론은 마땅한 것 같아?
아린	별로 달라진 것은 없어. "아린은 똑똑하다"가 참이면 어쨌든 "아린은 어리석거나 아린은 똑똑하다"도 참인 것 같으니까.
시린	그렇지? 전제가 참이고 결론이 거짓인 세계는 여전히 없어.
아린	그런 것 같아. 그러니까 이 추론도 마땅한 것 같아.

시린 한 발 더 나아가 볼까? 이 문장은 참인 것 같아 거짓인 것 같아?

아린은 똑똑하거나 아린은 씩씩하다.

아린 난 똑똑하고 또 씩씩하지. "아린은 똑똑하다"도 참이고 "아린은 씩씩하다"도 참이야.

시린 아무튼 "아린은 똑똑하다"든 "아린은 씩씩하다"든 하나는 참이네.

아린 하나는 참인 것이 맞지만 더 맞는 말은 둘 다 참인 거 아님?

시린 둘 다 참인 것과 하나가 참인 것은 다르지. 하지만 둘 다 참이면 하나는 참인 것 아닌가?

아린 내가 2000원을 가졌는데 내가 1000원을 가졌다고 말하면 거짓말 같은데.

시린 누군가 "난 1000원을 가졌어"라고 하면 그것이 "난 적어도 1000원을 가졌어"라는 말일 때가 있고 "나는 딱 1000원만 가졌어"를 말할 때도 있어.

아린 "난 1000원을 가졌어"는 좀 헷갈리는 말이네.

시린 아무튼 "하나는 참이다"는 "하나만 참이다"를 뜻하지 않아.

아린 이야기가 샛길로 샌 것 같아.

시린 네가 다 생각이 많아서 생긴 일이야. 좋은 일이야.

아린 암튼 "아린은 똑똑하다"든 "아린은 씩씩하다"든 하나는 참이니까 "아린은 똑똑하거나 아린은 씩씩하다"도 참이라는 말이지?

시린 그래. 넌 왜 아까 "아린은 똑똑하거나 아린은 똑똑하다"가 참이라고 생각했지?

아린 아무튼 "아린은 똑똑하다"가 참이니까.

시린 "아린은 똑똑하거나 아린은 똑똑하다"는 이거나 앞말과 이거나 뒷말이 모두 참이지 않아?

아린 그렇네. 이거나 앞말과 이거나 뒷말이 둘 다 참일 때도 전체 이거나문장은 참이네.

시린 이제 끝이 보인다. 이제 이런 추론을 생각해 볼까?

아린은 똑똑하다.
따라서 아린은 똑똑하거나 아린은 씩씩하다.

아린 이 추론도 마땅해. 전제가 참이고 결론이 거짓인 세계는 없을 것 같으니까. 전제로부터 결론이 따라 나와.

시린 다행이네. 이 추론은 어때?

아린은 똑똑하다.
따라서 아린은 씩씩하거나 아린은 똑똑하다.

아린 뭐가 달라진 거야?

시린 결론이 조금 달라졌어. 이거나 앞말과 뒷말이 자리를 바꾸었지.

아린 이 추론도 마땅해. "아린은 똑똑하다"가 참이면 어쨌든 "아린은 씩씩하거나 아린은 똑똑하다"도 참인 것 같으니까.

시린 그렇지? 전제가 참이고 결론이 거짓인 세계는 여전히 없어. 그러니까 이 추론도 마땅하지?

아린 그래. 전제로부터 결론이 따라 나와

시린 아린! 이제 마지막 물음이 남았어.

아린 휴 다행이다. 막 머리가 슬슬 아픈데.

시린 이 문장은 참인 것 같아 거짓인 것 같아?

아린은 똑똑하거나 송강은 예쁘다.

아린 송강이 누구야? 난 모르는 사람인데.

시린 몰라도 좋아.

아린 모르는 사람인데 송강이 예쁜지 안 예쁜지 내가 어떻게 알아?

시린 송강이 예쁜지 안 예쁜지 알아야 "아린은 똑똑하거나 송강은 예쁘다"가 참인지 거짓인지 알아?

아린 음. 잠깐! "송강은 예쁘다"가 참인지 거짓인지 관계없이

"아린은 똑똑하거나 송강은 예쁘다"의 참값을 알 것 같아.

시린 뭐야? 빨리 말해봐.
아린 아무튼 "아린은 똑똑하다"가 참이니까 "아린은 똑똑하거나 송강은 예쁘다"도 참이지.
시린 잘 말했어. 그럼 이 추론은 마땅하겠지?

아린은 똑똑하다.
따라서 아린은 똑똑하거나 송강은 예쁘다.

아린 응. 마땅해. 전제가 참이고 결론이 거짓인 세계는 없을 것 같으니까. 전제로부터 결론이 따라 나와.
시린 이 추론은?

아린은 똑똑하다.
따라서 송강은 예쁘거나 아린은 똑똑하다.

아린 또 결론에서 이거나 앞말과 뒷말의 자리를 바꾸었구나. 하지만 이 추론도 마땅해. "아린은 똑똑하다"가 참이면 어쨌든 "송강은 예쁘거나 아린은 똑똑하다"도 참인 것 같으니까.
시린 잘 따라왔어. 우리는 이제 다음과 같이 추론해도 되는 거야. 맞지?

□
따라서 □이거나 ○

아린 맞아. □ 자리에 무슨 평서문이 와도 좋아. ○ 자리에 아무 평서문이 와도 되고. 그렇게 해도 이 추론은 마땅한 것 같아.
시린 이렇게 해도 마땅한 추론이 만들어진다는 규칙을 "이거나 넣기"라 해.
아린 이것도 으뜸 추론 규칙이야?
시린 그래. 이렇게 추론하는 것도 이거나 넣기야.

　　　　□
　　따라서 ○이거나 □

아린 이거나 앞말과 뒷말을 바꾸어도 늘 상관없구나.
시린 응. 오늘 좀 어려운 규칙을 배웠다.
아린 근데 우리가 지금 '이거나 넣기'를 쓴 추론이 마땅하다는 걸 밝혀 보였어?
시린 아니. 우리가 '이거나의 참값모눈'을 모르기에 그걸 밝혀 보일 수 없어.
아린 그럼 지금까지 한 이야기는 뭐야?
시린 '이거나 넣기'가 우리 마음으로 받아들일 만하다는 것을 길게 이야기했을 뿐이야.
아린 증명한 건 아니구나.
시린 증명할 수는 없고 그냥 처음부터 받아들여야 하는 추론 규칙이야.
아린 알았어. 증명 없이 그냥 받아들일게.
시린 그럼 이제 그만 집에 들어가 쉬어.
아린 그래. 오늘은 복습 많이 해야겠다. 안녕.

혼자 천천히 읽기

오늘 배운 으뜸 추론 규칙은 '이거나 넣기'입니다. 이거나 넣기는 다음과 같은 꼴을 지녔습니다.

□

따라서 □이거나 ○

다음 꼴의 추론도 이거나 넣기입니다.

□

따라서 ○이거나 □

□ 자리와 ○ 자리에 아무 평서문을 넣어도 됩니다. 전제 하나만 있어도 이거나 넣기를 할 수 있습니다. 전제와 아무 문장을 '이거나'로 이어 결론을 만들면 됩니다. 이때 주어진 전제가 이거나 앞말에 와도 좋고 이거나 뒷말에 와도 좋습니다. "이거나"를 넣어 이거나문장을 결론으로 만든다고 "이거나 넣기"라는 이름이 붙었습니다.

다음 추론은 이거나 넣기를 쓴 추론의 보기입니다.

칸트는 철학자다.
따라서 칸트는 철학자거나 뉴턴은 물리학자다.

물론 결론으로 "뉴턴은 물리학자거나 칸트는 철학자다"를 이끌어도 괜찮습니다. 이 결론 말고 무수히 많은 다른 결론들을 만들어낼 수 있습니다. "칸트는 철학자거나 아린은 똑똑하다"도 좋고 "떡볶이는 맛있거나 칸트는 철학자다"도 좋습니다. 우리는 아직 '이거나의 참값모눈'을 모르기에 이거나 넣기를 쓴 추론이 언제나 마땅하다는 점을 밝혀 보일 수 없습니다. 우리는 그것이 마땅하다고 처음부터 그냥 받아들여야 합니다.

익힘 물음

가. "우주는 끝이 있다"는 참입니다. 아래 문장이 참이면 "참"을 쓰고, 거짓이면 "거"를 쓰고, 참인지 거짓인지 모르면 "모"를 쓰세요.

01. 우주는 끝이 없거나 우주는 끝이 있다.
02. 우주는 끝이 있거나 우주는 끝이 없다.
03. 우주는 끝이 있거나 우주는 한결같다.
04. 우주는 한결같거나 우주는 끝이 있다.
05. 우주는 끝이 있거나 바나나는 노랗다.
06. 우주는 시작이 있거나 우주는 끝이 없다.

나. 다음 추론이 이거나 넣기를 바르게 쓴 추론이면 "바"를 쓰세요. 그렇지 않으면 "못"을 쓰세요.

01. 지민은 방탄소년단이다. 따라서 지민은 방탄소년단이거나 제니는 블랙핑크다.
02. 지수는 블랙핑크다. 따라서 정국은 방탄소년단이고 지수는 블랙핑크다.
03. 딸기는 봄 과일이다. 따라서 딸기는 봄 과일이 아니거나 수박은 여름 과일이다.
04. 버지니아 울프는 아버지로부터 그리스어를 배웠다. 따라서 버지니아 울프는 아버지로부터 그리스어를 배웠거나 그리스어를 말할 수 있었다.
05. 탈레스가 고대 과학 전통의 창시자다는 거짓이다는 거짓이다. 따라서 탈레스가 고대 과학 전통의 창시자다는 거짓이다는 거짓이거나 데카르트는 근대 과학 전통의 창시자다.
06. 만일 내가 논리 공부를 열심히 한다면 나는 생각하는 힘이 쑥쑥 자란다. 따라서 만일 내가 논리 공부를 열심히 한다면 나는 생각하는 힘이 쑥쑥 자라거나 글 읽는 힘이 쑥쑥 자란다.

17. 이거나 없애기

아린 오늘은 무엇을 배울 거야?
시린 지난 시간에 무엇을 배웠지? 조금 어려웠는데.
아린 이거나 넣기를 배웠지. 집에 가서 씻고 바로 잠들었어. 아침에 일어나 다시 생각해 보았어.
시린 뭘 생각했지?
아린 "이거나"는 하나 마나 한 말이 아닌가 하고.
시린 왜 그렇게 생각해?
아린 "이거나" 뒤에 참말을 덧붙이든 거짓말을 덧붙이든 아무 상관이 없으니까 말야.
시린 그럼 오늘 새로운 걸 배우면서 "이거나"가 하나 마나 한 말이 아니라는 걸 배우도록 하자.
아린 그렇지? "이거나"는 하나 마나 한 말이 아니지?
시린 그럼! 어제 '이거나 넣기'를 배웠으니 오늘은 뭘 배울 것 같아?
아린 이거나 없애기? 전에 '이고 넣기'와 '이고 없애기'를 배웠으니까.
시린 맞아. '이거나 없애기'도 으뜸 추론 규칙이야.
아린 어제 나에게 '이거나의 참값모눈'도 안 가르쳐주고 '이거나 넣기'를 가르쳤어. '이고 넣기'와 '이고 없애기'를 배울 때는 '이고의 참값모눈' 덕분에 좀 쉬웠는데.
시린 미안해. 이거나 넣기와 이거나 없애기를 배운 뒤에 이거나의 참값모눈을 만드는 것이 좋겠어.
아린 알았어. 다 이유가 있겠지.
시린 그래. '이거나 넣기'를 쓴 추론이 마땅하다는 걸 처음부터 그냥 받아들여야 해. 마찬가지로 '이거나 없애기'를 쓴 추론이 마땅하다는 걸 처음부터 그냥 받아들여야 해.
아린 그래도 내 마음에 거슬리면 받아들이지 않을 거야.

시린   좋은 자세야. 네가 받아들이기 어려운 건 천천히 곰곰이 생각하며 뜸을 들여도 좋아.

아린   그럼 이거나 없애기를 가르쳐줘.

시린   이거나 문장을 한 번 만들어 볼래?

아린   방탄은 6명이거나 7명이다.

시린   "방탄"은 "방탄소년단"을 말하는 거야? 비티에스?

아린   응. 우리 반 아이들은 모두 "방탄" "방탄" 그래.

시린   내가 방탄소년단이 몇 명으로 이뤄졌는지 모를까 봐?

아린   그런 것도 알아? 시린은 블랙핑크만 좋아하는 것 같은데.

시린   난 아이즈원을 더 좋아하는데. 아냐. 농담이야. 난 자기 색깔을 갖고 자기를 열심히 드러내는 이들을 모두 좋아해. 노래든 춤이든 연기든.

아린   난 논리로 나를 열심히 드러낼 거야.

시린   멋진 생각이다. 논리 아이돌이 될 거야?

아린   히히 모르겠다.

시린   아무튼 "방탄은 6명이거나 7명이다"는 쉽고 간단한 이거나 문장이야. 이건 어떤 문장들로 이뤄졌어?

아린   "방탄은 6명이다"와 "방탄은 7명이다"를 "이거나"로 이은 거야.

시린   그럼 내가 여기에 문장 하나를 더해 추론을 만들어 볼게.

> 방탄은 6명이거나 7명이다.
> '방탄은 6명이다'는 거짓이다.
> 따라서

아린   전제가 두 개네.

시린   그래. "따라서" 뒤에 어떤 말이 들어갈 수 있을까?

아린   내가 방탄은 6명이거나 7명이라고 했잖아. 근데 방탄이 6명이라는 건 거짓이라고 했으니 "방탄은 7명이다"라고 말하면 될 것 같은데.

시린 역시 아린. 대단해! 어떻게 알아냈어?

아린 그냥 뭐랄까. 감이랄까. 그런 게 있어.

시린 아마 그럴 거야. 논리는 말로 하는 거잖아. 아린이 평소에 쓰던 말에 논리가 숨어있기 때문에 정말 "감"이 작동하는 걸 거야.

아린 그런가 보다.

시린 아린이 준 결론을 정리해 볼게.

> 방탄은 6명이거나 7명이다.
> '방탄은 6명이다'는 거짓이다.
> 따라서 방탄은 7명이다.

방금 아린이 '이거나 없애기'를 한 거야.

아린 벌써 내가 이거나 없애기를 한 거야? 별거 없네.

시린 그렇지. 이 추론은 마땅한 것 같아?

아린 전제들이 참이라고 생각하면 반드시 결론도 참이라고 생각할 것 같아. 전제들로부터 결론이 따라 나와.

시린 나도 그렇게 생각해. 그럼 '이거나 없애기'를 쓴 추론이 마땅하다는 걸 마음으로 받아들일 수 있어?

아린 뭐 지금까지는 내키지 않은 거 없어.

시린 좋아. 그럼 "방탄은 6명이다"를 ㄱ으로 쓰고 "방탄은 7명이다"를 ㄴ으로 쓸게. 그럼 아까 추론은 어떻게 간단히 쓸 수 있지?

아린 이건 내가 해 볼게.

> ㄱ이거나 ㄴ
> ㄱ은 거짓이다.
> 따라서 ㄴ

시린 잘했어. 그럼 이런 추론은 어떻게 생각해? 마땅한 것 같아?

> 우소는 8명이거나 9명이다.
> '우소는 9명이다'는 거짓이다.
> 따라서 우소는 8명이다.

아린 우소가 누구야? 혹시 우주소녀?

시린 아냐. 내가 그냥 지어본 이름이야.

아린 왠지 우주소녀 같은데.

시린 내 물음에 집중해!

아린 그래. 이 추론도 마땅한 것 같아. 처음 전제에서 우소는 8명이거나 9명이라고 했어. 둘째 전제에서는 우소가 9명이라는 건 거짓이라고 했지. 그러면 "우소는 8명이다"라고 말하면 될 것 같은데.

시린 그렇지? 이 추론도 전제들이 참이라고 생각하면 반드시 결론도 참이라고 생각할 것 같지? 전제들이 참이고 결론이 거짓일 수는 없어.

아린 나도 그렇게 생각해. 이 추론도 이거나 없애기야?

시린 응. 그럼 "우소는 8명이다"를 ㄷ으로 쓰고 "우소는 9명이다"를 ㄹ로 쓸게. 그럼 이 추론은 이렇게 쓸 수 있겠지?

　ㄷ이거나 ㄹ

　ㄹ은 거짓이다.

　따라서 ㄷ

아린 아까 모습과 비슷하다. 이것도 이거나 없애기란 말이지?

시린 응. 문장 □와 ○로 이거나 없애기를 나타내 볼게.

　□이거나 ○

　□는 거짓이다.

　따라서 ○

아린 여기서 □자리와 ○자리에 아무 문장을 넣어도 되는 거지?

시린 물론. 아래 추론도 이거나 없애기야.

　□이거나 ○

　○는 거짓이다.

　따라서 □

아린 그럼 '이거나 앞말'이든 '이거나 뒷말'이든 하나가 거짓이면 다른 하나는 참이라고 보면 되는구나.

시린 그게 바로 가장 중요한 알맹이야! 천재 소녀군!

아린 히히. 기분 좋네. 오늘은 집에서 엄마랑 이야기 조금 하다가 자야겠어.

시린 보람이 있네. 집에 가기 전에 물음 두 개만 풀어볼까?

아린 그냥 보내주지 않네. 좋아. 쉽게 풀어버릴게.

나는 아침에 우유나 두유를 먹는다.

나는 아침에 우유를 먹지 않는다.

따라서

아린 잠깐! "나는 아침에 우유나 두유를 먹는다"도 이거나문장이야?

시린 그럼. 잘 봐.

아린 아 "나는 아침에 우유나 두유를 먹는다"는 "나는 아침에 우유를 먹거나 나는 아침에 두유를 먹는다"를 짧게 쓴 거구나.

시린 그렇지. 또 "나는 아침에 우유를 먹지 않는다"는 "'나는 아침에 우유를 먹는다'는 거짓이다"를 짧게 쓴 것이고.

아린 그렇군. 그럼 "따라서" 뒤에 올 말은 쉽게 찾을 수 있지. "나는 아침에 두유를 먹는다"야.

시린 잘했어. 그럼 둘째 물음! "왜냐하면" 바로 뒤에 무슨 문장이 오면 좋을까 생각해봐.

칸트는 철학자거나 수학자다.

따라서 칸트는 철학자다.

왜냐하면

아린 칸트는 또 누구람?

시린 그런 사람이 있다 하고 풀어봐.

아린 "왜냐하면"은 전제를 덧붙일 때 쓰는 말이라고 했지?

시린 잘 기억하고 있네. 무슨 전제가 와야 "칸트는 철학자다"라는 결론을 이끌어낼 수 있을까?

아린 아 머리 아파. 집에 가면 안 될까?

시린 그럼 이렇게 바꿔 볼게.

칸트는 철학자거나 수학자다.

_____.

따라서 칸트는 철학자다.

빈칸에 무슨 문장이 오면 좋을까 생각해봐.

아린 음. 칸트는 수학자가 아니다?

시린 맞았어. "칸트는 수학자다"가 거짓이라고 생각해 보렴. 그러면 칸트가 철학자라는 게 바로 따라 나오지.

아린 그렇구나. 물음을 또 던지기 전에 빨리 가야겠다. 안녕!

시린 안녕. 오늘도 같이 이야기해줘 고마워.

혼자 천천히 읽기

오늘 배운 으뜸 추론 규칙은 '이거나 없애기'입니다. 이거나 없애기는 다음과 같은 꼴을 지녔습니다.

  □이거나 ○
  □는 거짓이다.
  따라서 ○

□와 ○는 아무 평서문입니다. 이거나 없애기를 하려면 두 전제가 있어야 합니다. 하나는 이거나문장이고 다른 하나는 그 이거나문장의 이거나 앞말이 틀렸다는 전제입니다. 그다음 그 이거나문장의 이거나 뒷말을 결론으로 이끌어냅니다.

  다음 꼴의 추론도 이거나 없애기입니다.

  □이거나 ○
  ○는 거짓이다.
  따라서 □

이번에는 이거나 뒷말이 틀렸다는 전제가 나왔고 이거나 앞말을 결론으로 이끌어냈습니다. 이거나 없애기는 전제의 "이거나"를 없애 이거나 앞말 또는 이거나 뒷말을 결론으로 이끌어냅니다. 다음 추론은 이거나 없애기를 썼습니다.

  쿼크는 전기를 띠거나 빛은 전기를 띤다.
  빛은 전기를 띠지 않는다.
  따라서 쿼크는 전기를 띤다.

이거나 없애기를 쓴 추론이 마땅하다는 것은 처음부터 그냥 받아들여야 합니다.

익힘 물음

가. 다음 전제들로부터 마땅하게 따라 나오는 결론을 쓰세요.
천재는 악필이거나 정리 정돈을 잘 안 한다. 천재가 악필이라는 것은 거짓이다. 따라서

나. 다음 추론이 이거나 없애기를 바르게 쓴 추론이면 "바"를 쓰세요. 그렇지 않으면 "못"을 쓰세요.

01. 총각김치는 김치거나 눈사람은 사람이다. '눈사람은 사람이다'는 거짓이다. 따라서 총각김치는 김치다.
02. 달은 밤에만 뜨거나 해는 낮에만 뜬다. '달은 밤에만 뜬다'는 거짓이다. 따라서 해는 낮에만 뜬다.
03. 미국의 서울은 워싱턴이거나 영국의 서울은 런던이다. 미국의 서울은 워싱턴이다. 따라서 '영국의 서울은 런던이다'는 거짓이다.
04. 중국의 서울은 상하이거나 러시아의 서울은 모스크바다. 러시아의 서울은 모스크바다. 따라서 중국의 서울은 상하이가 아니다.

다. "이거나 없애기" 규칙을 써서 마땅한 추론을 만들고자 합니다. "따라서" 다음에 올 결론을 쓰세요. 또는 "왜냐하면" 다음에 올 전제를 쓰세요.

01. 나는 너를 사랑하거나 미워한다. 나는 너를 미워하지 않는다. 따라서
02. 파이는 유리수거나 무리수다. 따라서 파이는 무리수다. 왜냐하면
03. 모든 아이돌은 춤을 잘 추거나 모든 아이돌은 노래를 잘한다. 모든 아이돌이 노래를 잘한다는 것은 거짓이다. 따라서
04. 공자는 논리학자가 아니거나 원효는 철학자가 아니다. 따라서 공자는 논리학자가 아니다. 왜냐하면

18. "이거나"의 뜻

아린 오늘은 무엇을 배울 거야?
시린 지금까지 이거나 넣기와 이거나 없애기를 배웠잖아. 오늘은 "이거나"의 참값모눈을 그려 볼 거야.
아린 참값모눈 좋아. 난 참값모눈 그리는 게 언제나 재미있어.
시린 그래? 다행이야. 이거나의 참값모눈을 만들려면 문장 두 개가 있어야 해. 문장 두 개를 만들어 줄래?
아린 "콩쥐는 착하다"와 "팥쥐는 예쁘다"로 할게.
시린 좋아. 이 두 문장으로 이거나의 참값모눈을 만들자.

세계	콩쥐는 착하다.	팥쥐는 예쁘다.	콩쥐는 착하거나 팥쥐는 예쁘다.
세계 가	참	참	
세계 나	참	거짓	
세계 다	거짓	참	
세계 라	거짓	거짓	

아린 이제 내 차례겠네.
시린 응. 먼저 이거나 넣기를 써서 빈칸에 참값을 채워봐. 어렵지 않을 거야. 이거나 넣기가 뭔지 먼저 생각해봐
아린 이거나 넣기에 따르면 문장 □으로부터 문장 "□이거나 ○"을 이끌어낼 수 있어.
시린 문장 □ 자리에 "콩쥐는 착하다"를 넣으면 되겠네. "콩쥐는 착하다"가 참인 세계에서 "콩쥐는 착하거나 팥쥐는 예쁘다"의 참값을 헤아려 봐.
아린 "콩쥐는 착하다"가 참인 세계는 세계 가와 세계 나야. 그럼 세계 가와 세계 나에서 "콩쥐는 착하거나 팥쥐는 예쁘다"의 참값을 헤아려 볼게.
시린 출발이 좋아. 이거나 넣기를 잊지 마!
아린 "콩쥐는 착하다"는 "콩쥐는 착하거나 팥쥐는 예쁘다"에서 이거나 앞말이야. "콩쥐는 착하다"에 이거나 넣기를

하여 우리는 "콩쥐는 착하거나 팥쥐는 예쁘다"를 마땅하게 이끌어낼 수 있어.

시린 그렇지.

아린 이거나 넣기에 따르면 "콩쥐는 착하다"가 참인데 "콩쥐는 착하거나 팥쥐는 예쁘다"가 거짓일 수는 없어. 그러니까 세계 가와 세계 나에서 "콩쥐는 착하거나 팥쥐는 예쁘다"의 참값은 거짓일 수 없어. 다시 말해 세계 가와 세계 나에서 "콩쥐는 착하거나 팥쥐는 예쁘다"의 참값은 참이야.

시린 그럼 세계 가와 세계 나에서 "콩쥐는 착하거나 팥쥐는 예쁘다"의 참값은 나왔네.

아린 그렇지. 참값모눈의 빈칸을 일단 이렇게 채울 수 있어.

세계	콩쥐는 착하다.	팥쥐는 예쁘다.	콩쥐는 착하거나 팥쥐는 예쁘다.
세계 가	참	참	참
세계 나	참	거짓	참
세계 다	거짓	참	
세계 라	거짓	거짓	

시린 잘했어. 이제 세계 다의 빈칸을 채우면 되겠다.

아린 음 세계 다는 "팥쥐는 예쁘다"가 참인 세계군.

시린 맞아. 근데 "팥쥐는 예쁘다"는 "콩쥐는 착하거나 팥쥐는 예쁘다"의 이거나 뒷말이야. "팥쥐는 예쁘다"로부터 이거나 넣기를 하여 "콩쥐는 착하거나 팥쥐는 예쁘다"를 이끌어낼 수 있어.

아린 응. 이거나 넣기에 따르면 문장 □로부터 문장 "○이거나 □"를 이끌어낼 수 있어. 문장 □ 자리에 "팥쥐는 예쁘다"를 넣고 문장 ○ 자리에 "콩쥐는 착하다"를 넣으면 되겠네. 그러니까 "팥쥐는 예쁘다"에 이거나 넣어 "콩쥐는 착하거나 팥쥐는 예쁘다"를 마땅하게 이끌어낼 수 있어.

시린 그렇지!

아린 이거나 넣기에 따르면 "팥쥐는 예쁘다"가 참인데 "콩쥐는 착하거나 팥쥐는 예쁘다"가 거짓일 수는 없어. 그러니까 세계 다에서 "콩쥐는 착하거나 팥쥐는 예쁘다"의 참값은 거짓일 수 없어. 다시 말해 세계 다에서 "콩쥐는 착하거나 팥쥐는 예쁘다"의 참값은 참이야.

세계	콩쥐는 착하다.	팥쥐는 예쁘다.	콩쥐는 착하거나 팥쥐는 예쁘다.
세계 가	참	참	참
세계 나	참	거짓	참
세계 다	거짓	참	참
세계 라	거짓	거짓	

시린 막힘이 없구나. 이제 세계 라에서 "콩쥐는 착하거나 팥쥐는 예쁘다"의 참값만 남았어.

아린 이거나 앞말과 이거나 뒷말이 모두 거짓이네.

시린 잘 생각해봐. 너의 감을 믿어봐.

아린 조금 어려운걸.

시린 쉬운 예를 들어줄까?

아린 응. 부탁해.

시린 방탄은 10명이거나 20명이다.

아린 거짓! 거짓이네! 이거나 앞말과 뒷말이 모두 거짓이면 이거나문장도 거짓이야. 딱 알았어.

세계	콩쥐는 착하다.	팥쥐는 예쁘다.	콩쥐는 착하거나 팥쥐는 예쁘다.
세계 가	참	참	참
세계 나	참	거짓	참
세계 다	거짓	참	참
세계 라	거짓	거짓	거짓

시린 하하. 답이 정말 빨리 나오는걸. 잘했어. 내가 보기를 잘 들었지?

아린 처음부터 방탄으로 문장을 만들었으면 금방 빈칸을 채웠을 것 같아.

시린 하하. "콩쥐는 착하다"는 거짓이라고 생각해 보자. 또 "팥쥐는 예쁘다"도 거짓이라고 생각해 보자. 근데 "콩쥐는 착하거나 팥쥐는 예쁘다"가 참이면 무슨 일이 생길까?

아린   무슨 일이 생기긴 아무 일도 안 생기겠지.
시린   하하. "'콩쥐는 착하거나 팥쥐는 예쁘다'는 참이다"는 "콩쥐는 착하거나 팥쥐는 예쁘다"와 뜻이 같지?
아린   그렇지.
시린   그럼 우리는 다음과 같은 추론을 만들 수 있어. 아까 "콩쥐는 착하다"는 거짓이라고 생각한다고 했잖아.

> 콩쥐는 착하거나 팥쥐는 예쁘다.
> 콩쥐는 착하다는 거짓이다.
> 따라서 팥쥐는 예쁘다.

이렇게 우리는 "'팥쥐는 예쁘다'는 참이다"를 얻을 수 있어.

아린   근데?
시린   아까 우리는 "팥쥐는 예쁘다"도 거짓이라고 생각한다고 했잖아.
아린   아 그렇구나. 우리 생각이 어긋났네.
시린   그렇지. "콩쥐는 착하다"와 "팥쥐는 예쁘다"는 거짓이지만 "콩쥐는 착하거나 팥쥐는 예쁘다"가 참인 세계는 생각할 수 없어. "콩쥐는 착하다"가 거짓이고 "콩쥐는 착하거나 팥쥐는 예쁘다"가 참인 세계에서 "팥쥐는 예쁘다"는 참이어야 하니까 말야.
아린   맞네. "콩쥐는 착하다"와 "팥쥐는 예쁘다"는 둘 다 거짓인 세계에서는 "콩쥐는 착하거나 팥쥐는 예쁘다"도 거짓이어야 하겠구나.
시린   방금 우리 엄청 어려운 이야기를 했어.
아린   내가 방금 이야기를 이해했을까. 집에 가서 다시 곰곰이 생각해 볼게.
시린   "콩쥐는 착하다"를 ㄱ으로 놓고 "팥쥐는 예쁘다"를 ㄴ으로 놓고 다시 참값모눈을 만들어볼까?
아린   쉽지. 이렇게 만들면 되지.

세계	ㄱ	ㄴ	ㄱ이거나 ㄴ
세계 가	참	참	참
세계 나	참	거짓	참
세계 다	거짓	참	참
세계 라	거짓	거짓	거짓

시린 잘했어. 너는 세계 가와 나와 다에서 "ㄱ이거나 ㄴ"의 참값이 '참'임을 밝혀냈어. 이때 넌 이거나 넣기를 썼어. 그러니까 세계 가와 나와 다에서 "ㄱ이거나 ㄴ"의 참값이 '참'인 까닭은 이거나 넣기 때문이야.

아린 그럼 세계 라에 "ㄱ이거나 ㄴ"의 참값이 '거짓'인 까닭은 이거나 없애기 때문이야?

시린 그런 셈이네. 우리가 방금 만든 참값모눈은 이거나 넣기와 이거나 없애기를 할 수 있는 "이거나"의 참값모눈이야.

아린 이거나 넣기와 이거나 없애기를 할 수 없는 "이거나"도 있어?

시린 그런 야릇한 "이거나"를 쓰는 사람이 있긴 있지. 하지만 우리는 이거나 넣기와 이거나 없애기를 할 수 있는 "이거나"를 쓸 거야.

아린 다른 "이거나"를 쓰는 사람을 만나면 재미있을 것 같아.

시린 하지만 그 "이거나"는 "이고나"나 "이가나"일 거야.

아린 그런 낱말이 어디 있다고!

시린 그런가? 크크. 이제 "ㄱ이거나 ㄴ"의 뜻이 뭔지 생각해 볼까?

아린 드디어 "이거나"의 뜻을 배우는 거야?

시린 응. 먼저 "ㄱ이거나 ㄴ"이 언제 참이 되는지 살펴보는 게 좋겠어.

아린 세계 가, 세계 나, 세계 다에서 "ㄱ이거나 ㄴ"은 참이야.

시린 세계 가, 세계 나, 세계 다는 어떤 세계지?

아린 세계 가는 이거나 앞말과 이거나 뒷말이 모두 참인 세계야. 세계 나는 이거나 앞말이 참이고 이거나 뒷말이 거짓인 세계고. 세계 다는 이거나 앞말은 거짓이지만 이거

	나 뒷말은 참인 세계고.
시린	세 세계의 공통점은 없어?
아린	공통점?
시린	응. 세 세계를 한꺼번에 나타낼 수 있는 말을 찾으면 좋겠어.
아린	이거나 앞말이든 이거나 뒷말이든 하나는 참이네.
시린	우리가 '이거나 넣기' 할 때 비슷하게 이야기한 것 같아.
아린	맞아. 기억나.
시린	그럼 네가 말한 "하나는"은 "하나만"을 뜻해?
아린	아니. "하나만"은 아냐. 둘 모두 참인 세계도 있으니까. "ㄱ이거나 ㄴ"은 "ㄱ과 ㄴ 가운데 하나만 참이다"를 뜻하지 않아.
시린	그럼 "하나는"을 더 또렷하게 나타내면 뭘까?
아린	"하나 이상은?"
시린	그래 맞아. 좀 더 쉬운 말이 있지. "적어도 하나는"이라고.
아린	"적어도"는 "가장 적게 있을 때는"을 뜻하지?
시린	응. 조금 더 어려운 말로는 "최소한"이라고 해.
아린	알았어. 그럼 세계 가, 세계 나, 세계 다의 공통점은 "이거나 앞말과 이거나 뒷말이 적어도 하나는 참이다"라고 말하면 되겠네.
시린	훌륭해. 그게 "이거나"의 뜻이야.
아린	"이거나"는 "이거나 앞말과 이거나 뒷말이 적어도 하나는 참이다"를 뜻한다고?
시린	응. "ㄱ이거나 ㄴ"은 "ㄱ과 ㄴ 가운데 적어도 하나는 참이다"를 뜻해.
아린	오늘 공부 끝! 오늘은 친구랑 소풍 가기로 했거든.
시린	잠깐! "ㄱ이고 ㄴ"의 뜻은 뭘까?
아린	쉬워. "ㄱ이고 ㄴ"은 "ㄱ과 ㄴ이 둘 다 참이다"를 뜻해.
시린	딩동댕. 소풍 조심해서 다녀와. 안녕.

혼자 천천히 읽기

오늘은 문장 이음씨 "이거나"의 뜻을 공부했습니다. "이거나" 대신 쓸 수 있는 낱말에는 "또는"과 "아니면"이 있습니다. 우리는 이거나 넣기와 이거나 없애기를 써서 '이거나의 참값모눈'을 만들 수 있습니다.

세계	□	○	□이거나 ○
세계 가	참	참	참
세계 나	참	거짓	참
세계 다	거짓	참	참
세계 라	거짓	거짓	거짓

"□이거나 ○"는 "□와 ○ 가운데 적어도 하나는 참이다"를 뜻합니다. 보기로 "콩쥐는 착하거나 팥쥐는 예쁘다"는 "'콩쥐는 착하다'와 '팥쥐는 예쁘다' 가운데 적어도 하나는 참이다"를 뜻합니다. 하지만 "콩쥐는 착하거나 팥쥐는 예쁘다"는 "'콩쥐는 착하다'와 '팥쥐는 예쁘다' 가운데 하나만 참이다"를 뜻하지 않습니다.

　　　우리가 흔히 쓰는 "이거나"는 '이거나 넣기'와 '이거나 없애기'를 모두 할 수 있는 "이거나"입니다. '이거나 넣기'와 '이거나 없애기'를 모두 할 수 있는 "이거나"는 "이거나 앞말과 이거나 뒷말 가운데 적어도 하나는 참이다"를 뜻합니다. '이거나 넣기'와 '이거나 없애기'를 모두 할 수 있는 "이거나"는 왜 "이거나 앞말과 이거나 뒷말 가운데 하나만 참이다"를 뜻하지 않을까요? 우리는 문장 □로부터 이거나 넣어 "□이거나 ○"를 마땅하게 이끌어낼 수 있습니다. 문장 ○가 참이라 해도 문장 □로부터 "□이거나 ○"를 이끌어낼 수 있습니다. 다시 말해 문장 □와 문장 ○가 둘 다 참이어도 문장 □로부터 "□이거나 ○"를 이끌어낼 수 있습니다. 위 참값모눈에서 문장 □와 문장 ○가 둘 다 참인 '세계 가'에서 "□이거나 ○"의 참값은 참입니다. 자기에게는 "□이거나 ○"는 "□와 ○ 가운데 하나만 참이다"를 뜻한다고 말하는 이가 있다면 그가 쓰는 "이거나"는 '이거나 넣기'를 할 수 없는 "이거나"입니다.

익힘 물음

가. 다음 참값모눈의 빈 칸을 채우세요.

01.

세계	딸기는 빨갛다.	참외는 노랗다.	딸기는 빨갛거나 참외는 노랗다.
세계 가	참	참	
세계 나	참	거짓	
세계 다	거짓	참	
세계 라	거짓	거짓	

02.

세계	해는 뜨겁다.	달은 차갑다.	해는 뜨겁거나 달은 차갑다.
세계 가			
세계 나			
세계 다			
세계 라			

나. 문장 "콩쥐는 착하다", "팥쥐는 예쁘다", "신데렐라는 똑똑하다", "백설공주는 바르다"가 모두 참입니다. 아래 문장이 참이면 "참"을 쓰고, 거짓이면 "거"를 쓰고, 참인지 거짓인지 모르면 "모"를 쓰세요.

01. 콩쥐는 착하거나 팥쥐는 예쁘다.
02. 팥쥐는 예쁘거나 신데렐라는 똑똑하지 않다.
03. 백설공주는 바르거나 콩쥐는 착하다.
04. 백설공주는 바르지 않거나 콩쥐는 예쁘지 않다.
05. 신데렐라는 똑똑하거나 콩쥐는 바르지 않다.
06. 콩쥐는 착하지 않거나 신데렐라는 바르지 않다.
07. 팥쥐는 착하지 않거나 콩쥐는 예쁘지 않다.
08. 콩쥐는 착하지 않거나 신데렐라는 똑똑하다.
09. 백설공주는 바르지 않거나 신데렐라는 똑똑하지 않다.
10. 팥쥐는 착하지 않거나 신데렐라는 똑똑하다.

19. 이면 없애기

시린 이 문장을 잘 생각해 봐.

아린이 영화 「모아나」를 보았다면 아린은 '마우이'를 안다.

아린 나 「모아나」 봤어.
시린 그럼 마우이를 알아?
아린 당연하지. 겁쟁이 용사야. 얼마나 깔깔 웃으며 봤는데.
시린 그럼 내가 만든 저 문장은 받아들일 만하지?
아린 응. 받아들일 만해. 이상한 문장이 아냐.
시린 "아린은 영화 「모아나」를 보았다"는 받아들일 수 있지.
아린 당연히 나는 영화 「모아나」를 보았으니까. 우리 세계에서는 참이야.
시린 그럼 내가 이런 추론을 만들어도 낯설지 않겠네.

아린이 영화 「모아나」를 보았다면 아린은 '마우이'를 안다.
아린은 영화 「모아나」를 보았다.
따라서 아린은 '마우이'를 안다.

아린 응. 좋은 추론이네.
시린 그럼 이 추론의 전제와 결론을 말해 볼까?
아린 전제는 두 개야. 하나는 "아린이 영화 「모아나」를 보았다면 아린은 '마우이'를 안다"야. 이면 문장이네. 다른 전제는 "아린은 영화 「모아나」를 보았다"야.
시린 그럼 이 추론은 마땅해? 전제들로부터 결론이 따라 나와?
아린 따라 나오는 것 같아. 나에게 두 전제가 모두 참이고 결론도 참이니까.
시린 두 전제와 결론이 모두 참이라고 해서 전제들로부터 결론이 따라 나오는 건 아냐.
아린 정말?

시린	응. 전제들이 참이고 결론이 거짓일 수 없어야 전제들로부터 결론이 따라 나와.
아린	"따라 나온다"를 배울 때 열심히 따져 보았던 것 같은데 또 헷갈린다.
시린	내가 보기를 들어볼까?

아린은 초등학생이다.

시린은 논리학 선생이다.

따라서 아린은 영화 「모아나」를 보았다.

이 추론의 두 전제는 모두 참이고 결론도 참이야. 그렇지?

아린	그렇네. 전제들이 모두 참이고 결론이 참이야.
시린	근데 이 추론은 마땅한 것 같아? 전제들로부터 결론이 따라 나오는 것 같아?
아린	아니. 전제와 결론이 아무 관계도 없는 것 같아.
시린	맞아. 전제들이 참이고 결론이 거짓인 세계를 생각할 수 있는지 없는지 따져 봐야 해.
아린	새로운 이야기 아니지? 왜 갑자기 머리가 띵하지?
시린	"따라 나온다"와 "마땅하다"를 이야기할 때 이와 같은 것을 여러 번 이야기했지.
아린	이거나의 뜻을 배우면서 그전에 배운 것이 머리에서 사라졌나 보다.
시린	우리 오늘 이야기를 처음부터 다시 하자.
아린	헐. 좋아. 마음을 다시 모을게. 자 준비됐습니다.
시린	아래 추론은 마땅한 것 같아?

아린이 영화 「모아나」를 안 보았다면 아린은 '마우이'를 모른다.

아린은 영화 「모아나」를 안 보았다.

따라서 아린은 '마우이'를 모른다.

아린	난 영화 「모아나」를 보았는데. 둘째 전제가 거짓이야.
시린	"아린은 영화 「모아나」를 안 보았다"가 참이라고 생각

아린	해 보는 거야. 내가 영화「모아나」를 안 보았다고 생각할게.
시린	"이면" 문장이 너에게 쉽지 않나 보다. 자꾸 전제가 참인지 거짓인지 따져 보니 말이야.
아린	지금까지 전제가 참인지 거짓인지 따지지 않았어?
시린	우리는 생각할 수 있는 모든 세계에서 전제들과 결론의 참값이 어떻게 되는지를 따졌어. 우리 세계에서 전제와 결론의 참값이 아니라.
아린	그러면 "이면"도 그렇게 하면 안 돼?
시린	우리는 아직 '이면의 참값모눈'을 모르는데.
아린	아 그렇네. 그래서 좀 내가 헷갈렸나?
시린	다시 새로운 보기를 보여줄게. 아래 '토토'는 네가 모르는 사람이야.

토토가 영화「모아나」를 보았다면 토토는 '마우이'를 안다.

토토는 영화「모아나」를 보았다.

따라서 토토는 '마우이'를 안다.

이 추론은 마땅한 것 같아?

아린	난 토토가 누구인지 모르니 토토가 영화「모아나」를 보았는지 안 보았는지 몰라. 하지만 두 전제로부터 결론이 따라 나오는 것 같아.
시린	그렇지? 두 전제가 참인 세계에서 결론도 반드시 참일 것 같지?
아린	맞아. 두 전제가 참인 세계에서 결론이 거짓일 수는 없을 것 같아.
시린	이제 "토토가 영화「모아나」를 보았다"를 ㄱ으로 짧게 쓸게. "토토는 '마우이'를 안다"를 ㄴ으로 짧게 쓰고. 그럼 앞의 추론은 어떻게 바뀌어?
아린	이렇게 바뀌지.

ㄱ이면 ㄴ

ㄱ

　　따라서 ㄴ

시린　잘했어. 이렇게 추론하는 것을 "이면 없애기"라 해. 이것도 으뜸 추론 규칙이야.

아린　오늘은 '이면 없애기'를 배우는구나. 내가 시린이라면 "라면 없애기"라고 부를 텐데.

시린　품. 집에 있는 라면은 네가 다 없애나 보군.

아린　내가 좀 웃겼나?

시린　그래. 이면 없애기를 쓴 추론은 마땅한 것 같지?

아린　으뜸 추론 규칙이니까 당연한 거 아님?

시린　맞아. 우리는 아직 '이면의 참값모눈'을 모르니까 이면 없애기를 쓴 추론이 마땅한지 못마땅한지 밝혀 보일 수는 없어. 이면 없애기를 쓴 추론이 마땅하다고 처음부터 그냥 받아들이는 거야.

아린　이면 없애기를 쓴 추론이 마땅하다는 것을 마음으로 받아들일 수 있어.

시린　그럼 아무 문장 □와 ○를 써서 이면 없애기를 나타낼 수 있겠어?

아린　이것도 쉬워.

　　□이면 ○

　　□

　　따라서 ○

시린　잘 나타냈어. 첫째 전제와 둘째 전제를 잘 살펴봐. 뭘 볼 수 있어?

아린　첫째 전제의 이면 앞말이 둘째 전제야.

시린　잘 보았어. 그럼 전제와 결론에서는 무엇을 찾아볼 수 있어?

아린　결론은 첫째 전제의 이면 뒷말이야.

시린　그래 맞아. 앞의 추론에서 첫째 전제와 둘째 전제의 차례를 바꿔도 돼?

□

□이면 ○

따라서 ○

아린 바꾸니까 뭔가 확 달라진 느낌이야.

시린 하지만 이것도 이면 없애기야.

아린 나도 알 수 있을 것 같아. 전제들이 어떤 차례로 나타나는지는 중요하지 않으니까.

시린 그렇지. 중요한 것은 전제에 이면 문장이 있다는 거야. 그리고 그 이면 문장의 이면 앞말이 또 다른 전제라는 점이지.

아린 그렇구나. 그 이면 문장의 이면 뒷말이 결론으로 온다는 것도!

시린 내가 말하려는 것을 벌써 말해 버렸네. 더 가르칠 게 없다!

아린 오늘도 일찍 갈 수 있겠는걸.

시린 그렇게 빨리 가고 싶어? 공부가 별로 재미 없나 보구나.

아린 아냐. 하지만 나도 친구들과 놀고 싶은 마음도 크거든.

시린 그럼. 이면 없애기를 쓴 추론을 네가 한 번 만들어 봐.

아린 "만일 아침마다 도로에 차가 많다면 아침마다 버스는 느리게 간다."

시린 그리고?

아린 "아침마다 도로에 차가 많다."

시린 그러면?

아린 "아침마다 버스는 느리게 간다."

시린 그걸 모아 추론을 만들면?

아린 이렇게 쓸 수 있지.

아침마다 도로에 차가 많으면 아침마다 버스는 느리게 간다.
아침마다 도로에 차가 많다.

따라서 아침마다 버스는 느리게 간다.

시린 아주 좋아. 이면 없애기에 어려운 거 없지?

아린 응. 오늘은 친구들이랑 라면 먹어야겠다.

시린 친구들과 라면 없애기를 하겠네. 라면 없애기 전에 물음 하나 더 풀기.

아린 하하하. 단번에 풀고 간다. 내어 봐.

시린 다음 왜냐하면 바로 뒤에 무슨 문장이 와야 할지 말해봐

내가 논리 공부를 즐겁게 한다면 나는 모든 공부가 즐겁다.
따라서 나는 모든 공부가 즐겁다.
왜냐하면

아린 주어진 전제 "내가 논리 공부를 즐겁게 한다면 나는 모든 공부가 즐겁다"는 이면문장이군. 주어진 결론 "나는 모든 공부가 즐겁다"는 전제의 이면 뒷말이야. 결국 전제 "□이면 ○"에서 결론 ○를 이끌어내려면 무슨 전제가 더 있어야 하는지 알아맞히는 물음이군.

시린 물음을 이해하는 데는 성공!

아린 오늘 배운 게 '이면 없애기'니까 이면 없애기를 쓰면 되겠지. 이면 없애기를 하려면 이면문장의 이면 앞말이 있어야 해. 추론을 완성하면 이렇지.

내가 논리 공부를 즐겁게 한다면 나는 모든 공부가 즐겁다.
따라서 나는 모든 공부가 즐겁다.
왜냐하면 나는 논리 공부를 즐겁게 하기 때문이다.

시린 정답! 이면을 잘 없앴으니 라면도 잘 없애길.

아린 시린도 집에 가서 라면 없애. 잘 가!

혼자 천천히 읽기

오늘 배운 으뜸 추론 규칙은 '이면 없애기'입니다. 이면 없애기는 다음과 같은 꼴을 지녔습니다.

　　□이면 ○
　　□
　　따라서 ○

이면 없애기는 전제에 있던 "이면"을 없애 이면 뒷말을 결론으로 이끌어냅니다. 이면 없애기를 하려면 두 전제가 있어야 합니다. 하나는 이면문장 "□이면 ○"이고 다른 하나는 "□이면 ○"의 이면 앞말 □이 참이라는 전제입니다. 그다음 "□이면 ○"의 이면 뒷말 ○를 결론으로 이끌어냅니다. 이면 없애기를 쓴 추론이 마땅하다는 것은 처음부터 그냥 받아들여야 합니다.

　　다음 추론은 이면 없애기를 쓴 추론입니다.
　　설리가 머리카락이 길면 설리는 머리칼을 묶을 수 있다.
　　설리는 머리카락이 길다.
　　따라서 설리는 머리칼을 묶을 수 있다.

우리는 설리가 누구인지 모르며 그가 남자인지 여자인지 머리칼이 긴지 짧은지 모릅니다. 하지만 "설리가 머리카락이 길면 설리는 머리칼을 묶을 수 있다"와 "설리는 머리카락이 길다"로부터 이면 없애 "설리는 머리칼을 묶을 수 있다"를 결론으로 이끌어낼 수 있습니다. 이 추론은 다음과 같이 바꾸어도 됩니다.

　　설리가 머리카락이 길면 설리는 머리칼을 묶을 수 있다.
　　따라서 설리는 머리칼을 묶을 수 있다.
　　왜냐하면 설리는 머리카락이 길기 때문이다.

익힘 물음

가. 다음 추론이 이면 없애기를 바르게 쓴 추론이면 "바"를 쓰세요. 그렇지 않으면 "못"을 쓰세요.

01. 내가 천재라면 나는 글씨를 괴발개발 쓴다. 나는 글씨를 괴발개발 쓴다. 따라서 나는 천재다.
02. 내가 논리 공부를 즐거워한다면 나는 모든 공부를 즐거워한다. 나는 논리 공부를 즐거워하지 않는다. 따라서 내가 모든 공부를 즐거워하지는 않는다.

나. "이면 없애기" 규칙을 써서 마땅한 추론을 만들고자 합니다. "따라서" 다음에 올 결론을 쓰세요. 또는 "왜냐하면" 다음에 올 전제를 쓰세요.

01. 아린이 전학을 간다면 아린은 친구들과 헤어진다. 아린은 전학을 간다. 따라서
02. 시린이 약속을 어겼다면 그는 계약금을 물어줘야 한다. 시린은 약속을 어겼다. 따라서
03. 내일 비가 오거나 눈이 온다면 나는 우산을 쓰고 학교에 간다. 내일 비가 오거나 눈이 온다. 따라서
04. 만일 사람이 마음을 타고나지 않는다면 사람의 마음은 태어난 뒤 차츰 자란다. 따라서 사람의 마음은 태어난 뒤 차츰 자란다. 왜냐하면
05. 만일 네가 씩씩하고 똑똑하고 착하다면 너는 많은 이들에게 사랑받는다. 따라서 너는 많은 이들에게 사랑받는다. 왜냐하면
06. 만일 명왕성이 태양계의 행성이 아니다가 거짓이다가 거짓이라면 태양계의 마지막 행성은 천왕성이거나 해왕성이다. 따라서 태양계의 마지막 행성은 천왕성이거나 해왕성이다. 왜냐하면

20. 차근차근 이끌기

시린 오늘은 한 추론 안에 여러 추론 규칙이 들어 있는 것들을 배울까 해.

아린 한 추론에 한 개의 추론 규칙만 있는 거 아냐?

시린 아냐. 그냥 내가 추론 규칙을 하나만 쓴 추론을 너에게 가르쳤을 뿐이야.

아린 한 추론에 모두 몇 개의 추론 규칙을 쓸 수 있어?

시린 네가 쓰고 싶은 만큼 많이.

아린 그렇게 많이 쓸 수 있어?

시린 그렇지. 하지만 너무 욕심을 부리지는 마.

아린 알았어. 그럼 추론 규칙을 두 개 쓴 것부터 보기를 들어 봐.

시린 쉬운 것부터 해볼게.

    아린은 똑똑하다는 거짓이다는 거짓이다.

    아린은 씩씩하다.

    따라서 아린은 똑똑하고 씩씩하다.

    두 전제로부터 결론이 따라 나오는 것 같아?

아린 음 가만있어 보자. 일단 첫째 전제에서 거짓이다 없애기를 할 수 있어.

시린 거짓이다 없애기를 하면 뭐가 나와?

아린 "아린은 똑똑하다"가 나와.

시린 그럼 "아린은 똑똑하다"와 다른 전제 "아린은 씩씩하다"를 써서 새로운 결론을 이끌어낼 수 있어?

아린 아 그래! 이고 넣기를 하면 될 것 같은데. "아린은 똑똑하다"와 "아린은 씩씩하다"에 이고 넣어 "아린은 똑똑하고 씩씩하다"를 이끌어낼 수 있어.

시린 "아린은 똑똑하다는 거짓이다는 거짓이다"와 "아린은 씩씩하다"로부터 "아린은 똑똑하고 씩씩하다"가 따라 나오지?

아린 오 그렇네.

시린 두 전제들에서 그 결론을 이끌어내는 데 쓰인 추론 규칙은 무엇이었지?

아린 하나는 거짓이다 없애기야. 다른 하나는 이고 넣기고.

시린 추론 규칙 두 개를 써서 이끌어낸 셈이네.

아린 추론 규칙을 여러 개 써도 추론은 마땅하지?

시린 물론! 추론 규칙을 하나씩 써 가며 전제들로부터 결론을 이끌어가는 일을 "차근차근 이끌기"라고 해.

아린 전제로부터 차근차근 이끌기를 해서 결론을 얻을 수 있다면 그 추론은 마땅한 셈이네.

시린 맞아. 잘 이해했어. 차근차근 이끌기를 하나 더 연습해볼까?

아린 이거 은근히 재미있어.

시린 처음 보기만큼 쉬운 걸 낼게.

아린은 똑똑하고 씩씩하다는 거짓이다는 거짓이다.
따라서 아린은 씩씩하다.

전제로부터 결론을 이끌어낼 수 있어?

아린 천천히 기다려 봐. 금방 찾아낼게.

시린 얼마든지 기다릴게.

아린 먼저 "아린은 똑똑하고 씩씩하다는 거짓이다는 거짓이다"에서 거짓이다 없애 "아린은 똑똑하고 씩씩하다"를 이끌어낼 수 있어. 그다음 이고 없애기를 해서 결론 "아린은 씩씩하다"를 이끌어낼 수 있지.

시린 잘했어. 전제로부터 결론을 이끌어내는 데 무슨 추론 규칙이 쓰였어?

아린 여태 쓰인 추론 규칙은 거짓이다 없애기와 이고 없애기야.

시린 그럼 단계를 좀 높여볼까?

아린 너무 높이지는 말아줘. 겁나.
시린 조금만 높일게.

아린은 똑똑하고 시린은 착하다.
아린은 씩씩하고 시린은 똑똑하다.
따라서 아린은 똑똑하고 시린은 똑똑하다.

이 추론은 마땅한 것 같아?

아린 결론을 먼저 잘 살펴봐야지.
시린 맞아. 결론을 꼼꼼하게 들여다봐야 해.
아린 결론은 이고문장이네. 결론의 이고 앞말은 "아린은 똑똑하다"야. 결론의 이고 뒷말은 "시린은 똑똑하다"고.
시린 그 말들을 전제에서 찾아봐.
아린 결론의 이고 앞말은 첫째 전제에 나와. 첫째 전제의 이고 앞말이야. 결론의 이고 뒷말은 둘째 전제에 나와. 둘째 전제의 이고 뒷말이야.
시린 그럼 전제에서 결론을 이끌어내려면 어떻게 해야 해?
아린 전제들을 자른 뒤에 다시 이어 붙이면 될 것 같은데.
시린 맞아 맞아.
아린 먼저 첫째 전제에서 이고 없애 "아린은 똑똑하다"를 얻어. 그다음 둘째 전제에서 또 이고 없애 "시린은 똑똑하다"를 얻어. 마지막에 "아린은 똑똑하다"와 "시린은 똑똑하다"에 이고 넣어 결론 "아린은 똑똑하고 시린은 똑똑하다"를 얻을 수 있어.
시린 잘했어. 그럼 우리가 쓴 추론 규칙은 모두 몇 개?
아린 이고 없애기를 두 번 썼고 이고 넣기를 한 번 썼어.
시린 추론 규칙은 모두 두 가지를 썼어. 하지만 모두 세 번 추론 규칙을 썼어.
아린 그렇네. 한 추론 규칙을 여러 번 쓸 때도 있구나.
시린 좋은 교훈을 얻었네. 내가 조금 더 어려운 것을 내어볼까?
아린 슬슬 재미있어지는데. 단계를 확 높여봐.
시린 그럴 순 없고. 조금만 더 높일게.

내가 논리 공부를 즐긴다면 나는 모든 공부를 즐긴다.
나는 논리 공부를 즐기고 라면 먹는 것을 즐긴다.
따라서 나는 모든 공부를 즐긴다.

이 추론에 무슨 추론 규칙이 쓰였는지 알아낼 수 있겠어?

아린 그럼. 이면문장이 나오니까 왠지 이면 없애기를 하고 싶어.

시린 탐정가처럼 실마리를 잘 찾네. "이면"이 나타나면 '이면 없애기'를 하겠다는 마음이 들어야 해. 근데 이면 없애기를 어떻게 하는지는 알지?

아린 어제 배웠는데 모를까 봐. 이면문장의 이면 앞말을 찾아야 해.

시린 이면문장의 이면 앞말이 뭐야?

아린 "나는 논리 공부를 즐긴다"야.

시린 그게 어디 있어?

아린 둘째 전제에 들어있네. 둘째 전제는 이고문장인데 이 문장에서 이고 없애기를 하면 "나는 논리 공부를 즐긴다"를 얻을 수 있어.

시린 그럼 결론을 이끌어낼 수 있겠어?

아린 쉽지. 먼저 둘째 전제에서 이고 없애 "나는 논리 공부를 즐긴다"를 얻어. 이렇게 얻은 "나는 논리 공부를 즐긴다"로 첫째 전제에서 이면 없애 "나는 모든 공부를 즐긴다"를 얻을 수 있지. 이게 바로 추론의 결론이었어.

시린 우와 박수. 짝짝! 거의 한 달 동안 가르친 보람이 있네.

아린 박수는 넣어둬. 근데 벌써 한 달이 지났어?

시린 토요일과 일요일 빼고 스무날을 공부했지.

아린 너무 빨리 지나갔어. 우리 내일은 뭐 공부해?

시린 내일? 내일은 특별히 우리가 처음 만난 성균관 대문 앞에서 볼까?

아린 알았어. 내일 봐. 안녕!

혼자 천천히 읽기

우리가 배운 논리의 기초를 간추리겠습니다. 추론은 전제와 결론으로 이뤄졌습니다. "따라서"는 결론임을 표시하는 결론 표시어입니다. "왜냐하면"은 전제임을 표시하는 전제 표시어입니다. 결론 표시어가 있거나 전제 표시어가 있는 문장들의 모임은 추론입니다. "이고", "이거나", "이면" 같은 문장 이음씨로 문장들을 이어 새로운 문장을 만들 수 있습니다. 평서문은 참값을 갖는데 참인 문장의 참값은 '참'이고 거짓인 문장의 참값은 '거짓'입니다. 세계에 따라 문장들은 다른 참값을 갖습니다. 생각할 수 있는 모든 세계에서 두 문장의 참값이 같을 때 두 문장의 뜻은 같습니다. 아무 문장 □와 문장 "□는 참이다"는 뜻이 같습니다.

"는 거짓이다"는 문장의 참값을 바꾸는데 '참'은 '거짓'으로 바꾸고 '거짓'은 '참'으로 바꿉니다. 하지만 "는 거짓이다"를 한 문장에 두 번 거듭하여 붙이면 문장의 뜻이 처음으로 되돌아옵니다. 우리는 이고의 뜻을 "이고"의 참값모눈으로 나타내었습니다. "이고"와 "는 거짓이다"의 뜻에 따르면 "□이고, □는 거짓이다"는 생각할 수 있는 모든 세계에서 거짓입니다. "□이고, □는 거짓이다" 꼴의 문장을 "모순문장"이라 하는데 모순문장은 반드시 거짓말입니다.

"□로부터 O가 따라 나온다"는 "□는 참이고 O는 거짓인 세계는 생각할 수 없다"를 뜻합니다. 다시 말해 "□로부터 O가 따라 나온다"는 "생각할 수 있는 세계를 모두 따져 보아도 □는 참이고 O는 거짓인 세계가 없다"를 뜻합니다. 전제로부터 결론이 따라 나오는 추론을 마땅한 추론이라 합니다. 으뜸 추론 규칙은 마땅한 추론의 본보기입니다. 으뜸 추론 규칙들 가운데 우리는 거짓이다 없애기, 이고 넣기, 이고 없애기, 이거나 넣기, 이거나 없애기, 이면 없애기를 배웠습니다. 이거나 넣기와 이거나 없애기를 할 수 있는 "이거나"는 "이거나 앞말과 이거나 뒷말 가운데 적어도 하나는 참이다"를 뜻합니다. 우리는 여러 추론 규칙을 한 추론 안에 한꺼번에 쓸 수 있습니다. 추론 규칙을 하나씩 써 가며 전제들로부터 결론을 이끌어가는 일을 "차근차근 이끌기"라 합니다.

익힘 물음

가. 여태 배운 6가지 으뜸 추론 규칙을 써서 다음 추론의 전제들로부터 결론을 차근차근 이끌 수 있다면 "수"를 쓰세요. 그렇지 않다면 "못"을 쓰세요.

01. '나는 착하고 예쁘다'는 거짓이다. 따라서 '나는 착하다'는 거짓이다.

02. '홍범도는 장군이거나 김좌진은 장군이다'가 거짓이다는 거짓이다. 따라서 홍범도는 장군이다.

03. 뉴턴이 철학자라면 아인슈타인은 철학자다. '뉴턴은 철학자다'는 거짓이다는 거짓이다. 따라서 아인슈타인은 철학자다.

04. 만일 한라산은 산이고 백두산이 산이라면 부산은 산이다. 백두산은 산이다. 따라서 부산은 산이다.

05. 쇼스타코비치는 작곡가고 타르스키는 논리학자다. 따라서 쇼스타코비치는 작곡가거나 에미 뇌터는 수학자다.

06. 내가 말한다면 나는 생각한다. 내가 생각한다면 내 마음은 있다. 따라서 내가 말한다면 내 마음은 있다.

07. 소백산은 강원도에 있거나 경상북도에 있다. 만일 영주가 강원도에 있지 않다면 소백산도 강원도에 있지 않다. 영주는 강원도에 있지 않다. 따라서 소백산은 경상북도에 있다.

08. 1308년에 국자감이 성균관으로 이름이 바뀌었고, 공민왕 때 국자감으로 다시 이름이 바뀌었고, 1362년에 다시 성균관으로 불렸다. 1308년에 국자감이 성균관으로 이름이 바뀌었다면 성균관은 이미 1308년에 세워졌다. 따라서 성균관은 이미 1308년에 세워졌다.

09. 만일 장영실이 물시계 자격루를 만들었고 해시계 앙부일구를 만들었다면 그는 당시 세계 최고 수준의 과학기술자라고 볼 수 있다. 장영실은 물시계 자격루를 만들었다. 장영실은 해시계 앙부일구를 만들었다. 따라서 장영실은 당시 세계 최고 수준의 과학기술자라고 볼 수 있다.

시린은 여행용 가방을 끌고 성균관 대문 앞에서 아린을 기다렸다. 손에 작은 화분을 들었다.

"아린! 여기야."

"시린! 벌써 와 있네. 오늘은 공부 안 해?"

"오늘 난 개성을 떠나. 서울에 갔다가 제주에서 책을 하나 쓰려고."

"뭐? 뭐라고?"

"갑자기 이렇게 말해 미안해. 미리 말해야 했는데 내가 너무 아쉬워서 말을 못 꺼냈어. 어제가 마지막 공부였어."

"다시 개성에 올 거야? 배울 게 많이 남은 것 같은데."

"언젠가 다시 올 수 있지. 학교에서 선생님 말씀 잘 듣고 글을 또박또박 천천히 읽고."

"시린과 다시 공부하고 싶으면 어떡해?"

"스무날 동안의 공부가 지겹지 않았어?"

"전혀. 난 이제야 논리의 재미를 조금 느끼기 시작했는걸."

"네가 조금 더 크면 더 많은 걸 가르쳐줄게."

"빨리 크고 싶어."

"너는 누구보다 똑똑하고 바른 사람으로 자랄 거야. 그 모습을 내가 지켜보고 싶어. 이건 선물이야."

시린은 들고 있던 화분을 아린에게 건넸다.

"이 화분의 작은 나무와 함께 네 마음과 네 생각도 자라길"

"아주 작은 나무네. 나중에 나무가 자라면 큰 화분에 옮겨 심을게."

"네 키만큼 자라면 내가 제주에서 책 하나 보낼게. 우리가 함께 나눈 이야기를 책에 담을 거야. 제목도 벌써 정했어. 「논리 논리 하양」이라고."

"「논리 논리 하양」? 기대된다. 곧 만날 테니 슬퍼하지 않을게. 안녕!"

"친구들과 사이좋게 지내고 즐겁게 놀아. 가끔은 친구들과 논리 이야기도 하고. 안녕. 잘 있어."

익힘 물음 정답

01. 추론, 전제, 결론

가01. ♡. □. | 가02. ○. ●. △.

나01. 전제: 공부를 너무 많이 하면 눈이 아파요. 나는 지금 눈이 아프지 않아요. 결론: 나는 공부를 너무 많이 한 것이 아니에요. | 나02. 전제: 엄마는 달걀로 찜을 해요. 아빠는 달걀로 부침을 해요. 오늘 식탁에는 달걀부침이 올라왔네요. 결론: 오늘 달걀 요리를 한 사람은 아빠예요. | 나03. 전제: 나는 지민을 좋아해요. 오빠는 뷔를 좋아해요. 동생은 정국을 좋아하지요. 결론: 나는 지민을, 오빠는 뷔를, 동생은 정국을 좋아해요. | 나04. 전제: 나는 9시에 학교에 가요. 엄마 아빠는 7시에 출근해요. 7시부터 9시까지 나를 위해 시간을 내줄 수 있는 사람은 할머니뿐이에요. 결론: 할머니가 7시부터 9시까지 나를 돌봐주셔요. | 나05. 전제: 올챙이가 개구리가 될 때 다리가 나오는 순서가 정해져 있어요. 개구리가 되기 전 올챙이는 앞다리 없이 뒷다리만 있는 때가 있어요. 결론: 올챙이가 개구리가 될 때 먼저 나오는 다리는 뒷다리예요. | 나06. 전제: 아이스크림을 냉동실에서 꺼낸 바로 그때는 아이스크림이 단단해요. 바깥 온도는 냉동실 안의 온도보다 높아요. 아이스크림은 냉동실 밖에서 시간이 흐를수록 차츰 녹아요. 식탁에 있는 아이스크림은 흐물흐물하게 녹아 있어요. 결론: 이 아이스크림은 냉동실에서 꺼낸 지 꽤 오래 지났어요.

02. 이고

가01. 금속은 광택이 있고 나무보다 단단합니다. | 가02. 나무는 금속보다 가볍고 고유한 향과 무늬가 있습니다. | 가03. 첫째 돼지는 짚으로 집을 지었고 둘째 돼지는 나무로 집을 지었습니다. | 가04 아름다운 이 땅 금수강산에 단군 할아버지가 터 잡으시

고, 홍익인간 뜻으로 나라 세우니 대대손손 훌륭한 인물도 많아. 나01. 이고 앞말: 까치 까치 설날은 어저께예요. 이고 뒷말: 우리 우리 설날은 오늘이에요. | 나02. 이고 앞말: 곱고 고운 댕기도 내가 들이어요. 이고 뒷말: 새로 사 온 신발도 내가 신어요.

03. 이거나와 이면

가01. 이고문장: 나는 친구들과 함께하고 나는 두렵지 않습니다. 이거나문장: 나는 친구들과 함께하거나 나는 두렵지 않습니다. 이면문장: 내가 친구들과 함께하면 나는 두렵지 않습니다.

나01. 거 | 나02. 참 | 나03. 거 | 나04. 거 | 나05. 거 | 나06. 참 | 나07. 거 | 나08. 거

04. 참값

가01. 거 | 가02. 참 | 가03. 모 | 가04. 모 | 가05. 없

나01. 없 | 나02. 있 | 나03. 없 | 나04. 있 | 나05. 없 | 나06. 없

다01. 전제들이 문장이 아니다. | 다02. "따라서"가 없다. | 다03. 전제들이 평서문이 아니다.

05. 참값모눈

가01.

세계	한 해는 열두 달이다.
우리 세계	참
다른 세계	거짓

가02.

세계	세종은 한글을 만들지 않았다.
우리 세계	거짓
다른 세계	참

가03.

세계	한라산은 백두산보다 높다.
다른 세계	참
우리 세계	거짓

가04.

세계	광주는 개성과 서울 사이에 있다.
다른 세계	참
우리 세계	거짓

나01. 참 | 나02. 모 | 나03. 거 | 나04. 참 | 나05. 거 | 나06. 거 | 나07. 거 | 나08. 참

06. 뜻이 같다

가01.

세계	고양이는 새다.	'고양이는 새다'는 참이다.
우리 세계	거짓	거짓
다른 세계	참	참

가02.

세계	얼음은 뜨겁다.	'얼음은 뜨겁다'는 참이다.
다른 세계	참	참
우리 세계	거짓	거짓

가03.

세계	거미는 물고기다.	'거미는 물고기다'는 참이다.
우리 세계	거짓	거짓
다른 세계	참	참

나01. 같 | 나02. 다 | 나03. 같 | 나04. 같 | 나05. 다 | 나06. 다 | 나07. 다

07. 거짓이다

가01.

세계	얼음은 물에 뜬다.	'얼음은 물에 뜬다'는 거짓이다.
우리 세계	참	거짓
다른 세계	거짓	참

가02.

세계	매미는 날 수 없다.	'매미는 날 수 없다'는 거짓이다.
우리 세계	거짓	참
다른 세계	참	거짓

가03.

세계	얼음은 뜨겁다.	'얼음은 뜨겁다'는 거짓이다.
다른 세계	참	거짓
우리 세계	거짓	참

나01. 다 | 나02. 다 | 나03. 다 | 나04. 같 | 나05. 같 | 나06. 같 | 나07. 같

08. 두 번 거짓이다

가01.

마음은 있다.	'마음은 있다'는 참이다는 거짓이다.
참	거짓
거짓	참

가02.

마음은 있다.	'마음은 있다'는 거짓이다는 참이다.
참	거짓
거짓	참

가03.

마음은 있다.	'마음은 있다'는 거짓이다는 거짓이다.
참	참
거짓	거짓

나01. 같 | 나02. 같 | 나03. 같 | 나04. 다 | 나05. 다 | 나06. 다 | 나07. 같

09. 이고의 뜻

가01.

세계	눈은 희다.	소금은 짜다.	눈은 희고 소금은 짜다.
세계 가	참	참	참
세계 나	참	거짓	거짓
세계 다	거짓	참	거짓
세계 라	거짓	거짓	거짓

가02.

세계	얼음은 뜨겁다.	김은 차갑다.	얼음은 뜨겁고 김은 차갑다.
세계 가	참	참	참
세계 나	참	거짓	거짓
세계 다	거짓	참	거짓
세계 라	거짓	거짓	거짓

나01. 참 | 나02. 모 | 나03. 거 | 나04. 거 | 나05. 거 | 나06. 거 | 나07. 참 | 나08. 참

10. 모순문장

가01.

세계	얼음은 차다.	얼음은 차지 않다.	얼음은 차고, 차지 않다.
세계 가	참	거짓	거짓
세계 나	거짓	참	거짓

가02.

세계	눈은 검다.	눈은 검지 않다.	눈은 검고, 검지 않다.
세계 가	참	거짓	거짓
세계 나	거짓	참	거짓

나01. 제인은 동물을 사랑하고, '제인은 동물을 사랑한다'는 거짓이다. 또는: 제인은 동물을 사랑하고, 제인은 동물을 사랑하지 않는다. 또는: 제인은 동물을 사랑하고 사랑하지 않는다. | 나02. 모모는 전쟁을 싫어하고, '모모는 전쟁을 싫어한다'는 거짓이다. | 나03. 차차는 자연을 아끼고, '차차는 자연을 아낀다'는 거짓이다.

다01. 아 | 다02. 아 | 다03. 모 | 다04. 아 | 다05. 아 | 다06. 아 |
다07. 아 | 다08. 모 | 다09. 아

11. 따라 나온다

가.

세계	눈은 희다.	눈은 차다.	ㄱ	ㄴ
			눈은 차다	눈은 희고 눈은 차다.
세계 가	참	참	참	참
세계 나	참	거짓	거짓	거짓
세계 다	거짓	참	참	거짓
세계 라	거짓	거짓	거짓	거짓

가01. 있다. 세계 다 | 가02. 있다. | 가03. 따라 나오지 않는다. | 가04. 못마땅하다.

나.

세계	눈은 희다.	눈은 차다.	ㄷ	ㄹ
			눈은 희고 눈은 차다.	눈은 차다.
세계 가	참	참	참	참
세계 나	참	거짓	거짓	거짓
세계 다	거짓	참	거짓	참
세계 라	거짓	거짓	거짓	거짓

나01. 없다. | 나02. 없다. | 나03. 따라 나온다. | 나04. 마땅하다.

12. 거짓이다 없애기

가01. 지민은 방탄소년단 가수다. | 가02. 선분은 두 점을 곧게 이은 선이다. | 가03. 똑똑하고 착한 사람은 언젠가 행복한 삶을 산다. | 가04. 내일 비가 온다면 내일 나는 산책하지 않는다. | 가05. 모스크바는 러시아의 서울이지만 뉴욕은 미국의 서울이 아니다.

나01. 못 | 나02. 못 | 나03. 바 | 나04. 바 | 나05. 못

13. 이고 없애기

가01. 경찰관은 우리 지역의 안전을 책임집니다. 또는: 경찰관은 우리 지역의 질서를 유지합니다. 또는: 경찰관은 질서를 유지합니다. | 가02. 도서관에서 우리는 책을 읽습니다. 또는: 도서관에서 우리는 공부를 합니다. | 가03. 산에서 나무를 가꾸어 베거나 산나물을 캐는 일은 임업입니다. 또는: 산을 이용하여 생산활동을 하는 곳은 산지촌입니다. | 가04. 어촌에서는 물고기를 잡거나 기르는 일을 합니다. 또는: 어촌에서는 김과 미역을 기르는 일을 합니다. | 가05. 정해지지 않은 장소에 불법으로 주차한 자동차들이 많아 사람들이 이동하는 데 불편합니다. 또는: 정해지지 않은 장소에 불법으로 주차한 자동차들이 많아 사람들이 교통사고를 당할 위험이 큽니다.

나01. 바 | 나02. 못 | 나03. 못 | 나04. 못 | 나05. 바

14. 이고 넣기

가01. 아린은 개성유치원을 졸업했고 개성초등학교에 다닌다. | 가02. 마이클 패러데이는 전기 분야에서 큰 업적을 남긴 영국의 과학자고, 그는 어린 시절에 가정 형편이 어려워 학교에 잘 다니지 못했다. | 가03. 모든 사람은 교육으로 더 똑똑해질 수 있고, 모든 사람은 교육으로 더 착해질 수 있다. | 가04. 체육은 몸을 튼튼하게 한다는 거짓이다는 거짓이고, 철학은 마음을 튼튼하게 한다는 거짓이다는 거짓이다.

나01. 이고 없애기 | 나02. 거짓이다 없애기 | 나03. 이고 없애기 | 나04. 이고 넣기 | 나05. 이고 넣기

15. 왜냐하면

가01. 소방관은 화재를 예방합니다. 따라서 소방관은 화재를 예방하고 응급 환자를 구조합니다. 왜냐하면 소방관은 응급 환자를 구조하기 때문입니다. 또는: 소방관은 응급 환자를 구조합니다. 따라서 소방관은 화재를 예방하고 응급 환자를 구조합니다. 왜냐하면 소방관은 화재를 예방하기 때문입니다. | 가02. 아린은 씩씩하고 착하다. 따라서 시린은 튼튼하다는 거짓이고 아린은 씩씩하고 착하다. 왜냐하면 시린은 튼튼하다는 거짓이기 때문이다. 또는: 시린은 튼튼하다는 거짓이다. 따라서 시린은 튼튼하다는 거짓이고 아린은 씩씩하고 착하다. 왜냐하면 아린은 씩씩하고 착하기 때문이다. | 가03. 내가 의심한다면 나는 있다. 따라서 내가 의심한다면 나는 있고, 내가 꿈꾼다면 나는 있다. 왜냐하면 내가 꿈꾼다면 나는 있기 때문이다. 또는: 내가 꿈꾼다면 나는 있다. 따라서 내가 의심한다면 나는 있고, 내가 꿈꾼다면 나는 있다. 왜냐하면 내가 의심한다면 나는 있기 때문이다.

나01. 도서관에서 우리는 공부를 하기 때문입니다. | 나02. 도시에는 회사나 공장에 다니는 사람들이 있기 때문입니다. | 나03. 물이 0도씨 아래에서도 얼지 않을 수 있다는 것은 거짓이다는 거짓이기 때문이다. | 나04. 공공장소에서는 함부로 물건을 만지지 않아야 하며 서로 배려하면서 안전하게 이동해야 하기 때문입니다. | 나05. 우리가 더 나은 사람이 되려면 다른 사람과 어울려야 하기 때문이다.

16. 이거나 넣기

가01. 참 | 가02. 참 | 가03. 참 | 가04. 참 | 가05. 참 | 가06. 모
나01. 바 | 나02. 못 | 나03. 못 | 나04. 바 | 나05. 바 | 나06. 못

17. 이거나 없애기

가. 천재는 정리 정돈을 잘 안 한다.

나01. 바 | 나02. 바 | 나03. 못 | 나04. 못

다01. 나는 너를 사랑한다. | 다02. 파이는 유리수가 아니기 때문이다. | 다03. 모든 아이돌은 춤을 잘 춘다. | 다04. '원효는 철학자가 아니다'는 거짓이기 때문이다. 또는: 원효는 철학자이기 때문이다.

18. "이거나"의 뜻

가01.

세계	딸기는 빨갛다.	참외는 노랗다.	딸기는 빨갛거나 참외는 노랗다.
세계 가	참	참	참
세계 나	참	거짓	참
세계 다	거짓	참	참
세계 라	거짓	거짓	거짓

가02.

세계	해는 뜨겁다.	달은 차갑다.	해는 뜨겁거나 달은 차갑다.
세계 가	참	참	참
세계 나	참	거짓	참
세계 다	거짓	참	참
세계 라	거짓	거짓	거짓

나01. 참 | 나02. 참 | 나03. 참 | 나04. 모 | 나05. 참 | 나06. 모 | 나07. 모 | 나08. 참 | 나09. 거 | 나10. 참

19. 이면 없애기

가01. 못 | 가02. 못

나01. 아린은 친구들과 헤어진다. | 나02. 시린은 계약금을 물어

줘야 한다. | 나03. 나는 우산을 쓰고 학교에 간다. | 나04. 사람은 마음을 타고나지 않기 때문이다. | 나05. 너는 씩씩하고 똑똑하고 착하기 때문이다. | 나06. 명왕성은 태양계의 행성이 아니다가 거짓이다가 거짓이기 때문이다.

20. 차근차근 이끌기

가01. 못 | 가02. 못 | 가03. 수. 처음에 거짓이다 없애기를 쓰고, 그다음 이면 없애기를 쓴다. | 가04. 못 | 가05. 수. 처음에 이고 없애기를 쓰고, 그다음 이거나 넣기를 쓴다. | 가06. 못. 마땅한 추론이지만 이를 차근차근 이끌려면 아직 배우지 못한 으뜸 추론 규칙을 써야 합니다. | 가07. 수. 처음에 이면 없애기를 쓰고, 그다음 이거나 없애기를 쓴다. | 가08. 수. 처음에 이고 없애기를 쓰고, 그다음 이면 없애기를 쓴다. | 가09. 수. 처음에 이고 넣기를 쓰고, 그다음 이면 없애기를 쓴다.

글쓴이 김명석은

물리학과 수학과 철학을 공부했습니다. 철학박사를 받은 다음 경북대 기초과학연구소 연구초빙교수, 대통령 직속 중앙인사위원회 PSAT 전문관, 국민대학교 교수로 연구하고 일하고 가르쳤습니다. 현재 생각실험실 대표연구원입니다. 여태 쓴 논문으로는 「심적 차이는 역사적 차이」, 「인식론에서 타자의 중요성」, "Ontological Interpretation with Contextualism of Accidentals", 「자연의 원리: 측정과 자연현상」 따위가 있습니다. 「존재에서 사유까지: 타자, 광장, 신체, 역사」로 2003년 만포학술상을 받았고, 「나, 지금, 여기의 믿음직함」으로 2018년 한국과학철학회 논문상을 받았습니다. 쓴 책으로는 『우리 말길』, 『두뇌보완계획 100』, 『두뇌보완계획 200』, 『과학 방법』 따위가 있습니다. 후기분석철학의 인식론과 언어철학, 언어와 사고의 기원, 의미의 형이상학, 뜻 믿음 바람 행위의 종합이론, 학문의 우리말 토착화, 양자역학의 존재론 해석, 측정과 물리 현상, 해석과 마음 현상, 믿음의 철학 따위를 주로 공부하고 있습니다. myeongseok@gmail.com

글쓴이 이경은은

고슬고슬 잘 지은 글 한 편을 쓸 날을 꿈꿉니다. 여러 사람의 꿈자리에 노크할 수 있는 멋진 글 말이죠. 『논리 논리 하양』이 그 꿈을 이뤄 줄 수 있을까요? 『나는 생존기증자의 아내입니다』를 썼습니다.

이 책은 생각실험실을

키우는 데 이바지합니다. 생각실험실은 배우고자 하는 사람들이 연구하면서 일하는 대안회사며, 대안대학원이며, 대안연구소입니다. 생각실험실은 슬기로움을 사랑하는 이들을 위한 카페며, 서점이며, 스튜디오며, 독서실이며, 도서관이며, 서당이며, 서원이며, 교회입니다. 이 책을 읽고 널리 퍼뜨리는 일은 생각실험실을 키우는 밑거름입니다. http://ithink.kr

논리 논리 하양

1판 1쇄   2021년 11월 11일

지은이   김명석·이경은
펴낸이   석희현
편집기획 클라라
디자인   임채현

펴낸곳   코코
주소   서울시 종로구 북촌로5가길 12-5 사유지 2층
전화   010-3933-9283
팩스   0504-133-9283
이메일   longrunhh@naver.com
홈페이지 www.ithink.kr

ISBN   979-11-976260-1-2
가격   15,000원